Perlen der Weisheit

DALAI LAMA

HERDER spektrum

Band 6206

Das Buch

Perlen der Weisheit – sorgsam ausgesucht und zusammengestellt in einem inspirierenden Spektrum-Taschenbuch. Was ist wirklich wertvoll in der Fülle der Angebote? Was ist auch heute noch gültig aus dem Reichtum der Tradition? Die Suche nach Spiritualität, nach Sinn und tieferer Sicht des Lebens, ist ungebrochen. Menschen heute, ob religiös gebunden oder eher auf der Suche, sind immer neu fasziniert von der Lebensweisheit spiritueller Traditionen.

Die Reihe „Perlen der Weisheit" präsentiert wichtige und prägende spirituelle Autoren der Gegenwart aus den östlichen Religionen und aus dem Christentum. Das Besondere an dieser Sammlung: Wie Perlen an einer Schnur erschließt jeder Band das weisheitliche Denken eines Autors, zeigt seine Suche nach dem Sinn des Ganzen und beleuchtet es an zentralen Stichworten.

In diesem Band wird der große Reichtum und der innere Zusammenhang des Denkens in den Antworten des Dalai Lama deutlich und erkennbar.

Der Autor

Dalai Lama XIV. (Tenzin Gyatso), religiöses und politisches Oberhaupt des tibetischen Volkes. Träger des Friedensnobelpreises.

Die Herausgeberin

Christina Knüllig, geboren 1964, Studium der Ethnologie, Geschichte und Politik. Arbeitet als freie Lektorin, Herausgeberin und Übersetzerin zu wichtigen zeitgeschichtlichen Themen.

Perlen der Weisheit

Die schönsten Texte von
DALAI LAMA

Herausgegeben
von Christina Knüllig

HERDER

FREIBURG · BASEL · WIEN

© Verlag Herder GmbH, Freiburg im Breisgau 2010
Alle Rechte vorbehalten
www.herder.de

Umschlagkonzeption und -gestaltung:
R·M·E Eschlbeck / Hanel / Gober
Umschlagfoto: © plainpicture
Autorenfoto: © ddp / Roland Magunia

Innengestaltung:
Weiß-Freiburg GmbH, Graphik & Buchgestaltung
www.weiss-freiburg.de

Herstellung:
fgb · freiburger graphische betriebe
www.fgb.de

Gedruckt auf umweltfreundlichem, chlorfrei gebleichtem Papier
Printed in Germany
ISBN 978-3-451-06206-3

INHALT

EINFÜHRUNG

DIE WAHRNEHMUNG DES Dalai Lama, ja des Buddhismus in der Öffentlichkeit fällt stark auseinander: Auf der einen Seite gibt es den Dalai Lama „für alle Lebenslagen", der dem institutionenmüden Westen Wege zu Weisheit und Glück aufzeigt. Hier finden sich die Aphorismen für alle Tage: der „Mittlere Weg" der Erkenntnis eines Management-Seminars, wo es mehr um Work-Life-Balance geht als um das tiefe Wissen um die Verbundenheit allen Seins. Doch es gibt auch die andere Seite: Lehrschriften und Unterweisungen, die das religiöse Wissen eines ganzen Kontinents in sich tragen. Kalendertauglich sind sie nicht. Sie zeigen Wege der Selbstverbesserung, aber vor allem der religiösen Hingabe und Disziplin, wie sie für die Gläubigen aller Religionen typisch sind. Die buddhistischen Lehrschriften enthalten jedoch etwas, was in der westlichen Rezeption merkwürdig ausgeblendet wird: Sie beschäftigen sich intensiv mit Tod und Vergänglichkeit, ja sie ziehen den Tod auf eine Weise in das Leben der Gläubigen, wie er – in seiner plastischen Ausgestaltung – im christlichen Denken dieser Tage nicht mehr vorstellbar ist. Der Tod, seine bewusste Annahme und Meisterung, steht im Zentrum vieler Überlegungen. Der Tod und der Kreislauf der Wiedergeburten sind so machtvoll, dass erst sie dem kurzen Leben Richtung und Sinn verleihen. Alle weiteren zentralen Begriffe wie Mitgefühl und Leiden, Leerheit oder Erkenntnis leiten sich letztlich von ihnen ab.

Dieser Band versammelt Stichworte aus beiden Welten: der lebenspraktischen und der spirituell-geistigen. Es sind allesamt Ausführungen des Dalai Lama, die sich an eine interessierte, aber nicht gläubige Leserschaft richten. In seinen zahlreichen Interviews orientiert sich der Dalai Lama immer wieder einfühlsam am Wissens- und Erkenntnisstand des Gegenübers, und das spiegelt sich auch hier.

Darüber hinaus ist der Buddhismus selbst hochgradig komplex. Man kann ihn sich im Ganzen wie einen Berg schweren Stoffes vorstellen, der, in sich fein gefaltet und gelegt, eine glatte Oberfläche zeigt, doch bei genauerer Betrachtung auch dunkle Hohlräume und tiefe Einschnitte aufweist, die weit ins Innere führen. In diesem gefalteten Berg gibt es einfache Erkenntniswege, die vor allem der „Selbstverbesserung" des normalen Menschen dienen, sowie hochgradig erleuchtete, die nicht weniger als die Erlösung aller Kreatur von den Leiden der ewigen Wiedergeburt zum Ziel haben.

Eine Anmerkung zum Schluss: Dieses Bändchen greift Begriffe zu Werten und Zielen des Buddhismus auf. Der Buddhismus, genau wie das Christentum und andere Religionen, ist jedoch vor allem ein Weg, eine Lebens*praxis*. Ob geistige Klarheit in der Meditation oder Mitgefühl im Alltag: Nur im Tun, und für uns mittlerweile recht ungewohnt, im *wiederholten Tun* wird alles gewandelt – und so auch wir.

Christina Knüllig

Zum Anfang:

BUDDHISMUS

Wenn ich es richtig verstanden habe, dann hat sich der Kern der buddhistischen Lehre im Laufe der Jahrtausende nicht verändert, auch nicht, als sich diese religiöse Tradition von Indien ausgehend auf dem ganzen asiatischen Kontinent und heute sogar weit über seine Grenzen hinaus verbreitete.

DALAI LAMA: Richtig! Natürlich sind an den verschiedenen Orten, an denen sich der Buddhismus etabliert hat, auch einige Aspekte der lokalen Kultur einbezogen worden, sie sind, wie soll ich sagen ... umgewandelt worden. Dabei handelt es sich aber um Elemente, die niemals etwas mit dem Kern der Lehre zu tun hatten. Es ging dabei immer um Äußerlichkeiten, um Ritualformen, um die „Sprache" des Buddhismus. So gibt es zum Beispiel beachtliche Unterschiede in der Art, wie die Mönche sich kleiden, und in der Bauweise der Klöster und Tempel, manchmal auch in der Art und Weise, wie die heiligen Texte rezitiert werden, aber, und jetzt wiederhole ich mich, bezogen auf essenzielle Gesichtspunkte der Geistigkeit, der Philosophie, der buddhistischen Psychologie gibt es keine Unterschiede. Was zählt, ist einzig und allein die Lehre des Buddha *Shakyamuni.*

Würden Sie uns diese Lehre erläutern?

Was fragen Sie mich bloß für einfache Sachen ... in aller Kürze
soll ich eine so alte und vielschichtige Tradition erklären ... ich
weiß nicht, ob ich dazu fähig sein werde. Ich weiß auch nicht, ob
ich mir da den richtigen Interviewer ausgesucht habe! (Lacht)
Aber, Scherz beiseite, ich möchte mit den Vier Edlen Wahrheiten beginnen, die ich als die Grundlage der buddhistischen
Lehre definieren würde. Das heißt, die Wahrheit vom Leiden,
die Wahrheit von der Entstehung des Leidens, die Wahrheit
von der Aufhebung des Leidens und die Wahrheit vom Weg,
der zur Aufhebung des Leidens führt. Können Sie mir folgen?
Sagen Sie mir, ob meine Art mich auszudrücken für ein Inter-
view geeignet ist, oder ob es zu lehrhaft klingt und ich besser
eine einfachere Sprache wählen sollte.

Es ist sehr gut verständlich.

Gut, dann lassen Sie uns fortfahren. Wir sprachen gerade vom
Leiden und seinen Ursachen, von der Beendigung der Ursachen und dem Pfad, der zur Beendigung des Leidens führt.
Sehen Sie, verschiedene Religionen, zum Beispiel das Christentum, sprechen vom Schmerz im Dasein in einem anderen Sinn
als der Buddhismus. Für uns ist das Leiden, wie soll ich sagen,
eine Art Krankheit ... eine Krankheit, die durch eine Reihe von
ebenso inneren wie äußeren Ereignissen verursacht wird. Das
Problem besteht nun darin zu verstehen, dass wir erkrankt
sind ... und etwas nicht mehr „funktioniert", vergleichbar einer
physischen Erkrankung. Zuerst musst du feststellen, dass du
krank bist, dann musst du einen Arzt aufsuchen, der die erforderlichen Analysen durchführt, um zu verstehen, was nicht

funktioniert, und schließlich wirst du die geeignete Medizin zu deiner Heilung nehmen können. Und dies ist genau der Prozess der inneren Einsicht, den Buddha *Shakyamuni* aufgezeigt hat. In der ersten Edlen Wahrheit geht es um die Entdeckung der Krankheit, um das Leiden, das der menschlichen Existenz eigen ist. Die zweite Edle Wahrheit besagt, dass es nicht ausreicht, nur die Existenz des Leidens festzustellen, sondern dass auch seine Ursachen, Triebfedern und Ursprünge ergründet werden müssen. Die dritte Edle Wahrheit zeigt auf, dass es möglich ist, dem Leiden ein Ende zu setzen. Nachdem man das Leiden identifiziert hat, seine Ursachen erkannt hat, sieht man auch, dass eine Aufhebung des Leidens möglich ist, dass die Fähigkeit zur Heilung der Erkrankung besteht. Und so gelangt man dann schließlich zur vierten Edlen Wahrheit, dem Pfad, der zur Heilung und damit zum Ende des Leidens führt.

Zur Erleuchtung?

Am Ende des inneren Weges, der inneren und geistigen Verwirklichung, gelangt man zur Erleuchtung, dem Zustand der Buddhaschaft. Doch bevor ich davon spreche, möchte ich noch bei den Vier Edlen Wahrheiten bleiben, denn ich möchte Klarheit darüber schaffen, welche Wichtigkeit die Erforschung des Leidens vom buddhistischen Standpunkt aus gewinnt.

Gewiss. Im Westen versteht man oftmals nicht, was mit „Leiden" in der buddhistischen Sprache gemeint ist.

In der buddhistischen Auffassung existieren verschiedene Aspekte des Leidens, die grundsätzlich in dem Leiden des Schmerzes, dem Leiden der Veränderung und dem alldurchdringenden Leiden zusammengefasst werden. Der erste Leidenstypus stimmt mehr oder weniger mit dem physischen Schmerz überein. Der zweite Aspekt des Leidens, der allgemein das Leiden der Veränderung genannt wird, ist sehr wichtig, denn offenbar scheint es sich hier um das Gegenteil von Leid zu handeln. In der Tat sprechen wir dabei über das Glücklichsein.

Meinen Sie physisches oder geistiges Glücklichsein?

Jede Art von Glücklichsein – physisch, geistig, psychisch. Alles, was uns angenehme Gefühle bereitet. Am Anfang scheint dieses Glücklichsein ausgesprochen anziehend zu sein, es bereitet uns große Zufriedenheit. Man schenkt uns etwas, das uns gefällt, wir erhalten vielleicht einen wichtigen Preis ... und schon sind wir glücklich. Manchmal erscheint es uns so, als sei unsere ganze Existenz verändert, aber wenn wir uns dieses Glücklichsein genau anschauen, sehen wir darin den Samen zukünftiger Leiden angelegt. Wir könnten sogar sagen, je intensiver dieses Glücklichsein ist, desto intensiver wird auch das zukünftige Leiden sein.

Insofern wir Angst davor bekommen, diese Quelle des Glücklichseins wieder zu verlieren?

Ja. Unmittelbar nachdem wir das Glücklichsein erlebt haben, fangen die Probleme an. Das Objekt unseres Begehrens zerbricht, und wir verlieren den erreichten *Zustand.* Auch wenn das nicht passiert, so müssen wir dennoch befürchten, dass es passieren könnte. Wir werden zu Paranoikern, was unsere

Zukunft betrifft. Unser anfängliches Glück löst Probleme aus, die unser Leben verkomplizieren, anstatt es zu vereinfachen. Wir müssen begreifen, dass es sich um eine *scheinbare* Form von Glücklichsein handelt, wir sind nicht in Kontakt mit einer *innewohnenden* Freude. Wenn es so wäre, dass mehr erlebtes Glück zu mehr Freude führen würde ... – Aber wir haben gesehen, dass dies nicht der Fall ist. Wie Sie bereits sagten, bekommen wir sofort Angst, unsere Quelle der Freude wieder zu verlieren ... oder sie bricht entzwei, oder wir werden ihrer beraubt ... oder wir ermüden uns ganz einfach daran, und ein Gefühl von Langeweile und Überdruss tritt an die Stelle unseres anfänglichen Enthusiasmus. Damit ist das Leiden der Veränderung gemeint, weil es gerade die Veränderung ist, die die Natur dieses Leidens evident macht. Abschließend haben wir den dritten Typus von Leiden, das alldurchdringende Leiden, das mit den beiden ersten eng verknüpft ist und, wie soll ich sagen, den Boden bereitet, auf dem erstere fußen. Er stellt die Grundlage aller jetzigen und zukünftigen Leiden dar ...

ANHAFTUNG

DIE ANHAFTUNG VERSTÄRKT die Begierde, ohne jemals wirkliche Befriedigung verschaffen zu können. Es gibt zwei verschiedene Arten der Begierde und des Verlangens, unvernünftige und vernünftige. Unvernünftige Begierde ist eine Befleckung des Geistes, die auf der Unwissenheit beruht. Vernünftige Begierde ist jedoch keine Befleckung des Geistes, die auf der Unwissenheit beruht. Um leben zu können, brauchen Sie Ressourcen. Daher ist das Verlangen nach genügend materiellen Gütern angemessen. Gefühle wie: „Das ist gut. Ich möchte es haben. Es ist nützlich" sind keine geistigen Befleckungen. Ebenso ist es wünschenswert, Nächstenliebe und Weisheit zu entwickeln und die Befreiung zu erlangen. Eine solche Art der Begierde ist ebenso angemessen. In der Tat entstammt jede menschliche Entwicklung aus dem Verlangen, und solche Bestrebungen sind nicht notwendigerweise eine Befleckung des Geistes.

Wenn Sie beispielsweise Vertrautheit und Verbundenheit mit allen fühlenden Wesen entwickelt haben und den Wunsch, dass sie alle Glück erreichen mögen, dann ist ein solches Verlangen begründet und stichhaltig, da es unvoreingenommen ist und alle Lebewesen umfasst. Wahrscheinlich ist unsere jetzige Liebe, die auf unsere Freunde und Familie begrenzt ist, sehr stark durch unwissende Anhaftung beeinflusst und damit voreingenommen.

Unvernünftige oder kontraproduktive Begierde ist eine übertriebene Anhaftung an Dinge und führt unvermeidlich zu einem Mangel an Zufriedenheit. Fragen Sie sich selbst, ob Sie die meisten dieser Dinge wirklich benötigen, und die Antwort wird „Nein" sein. Diese Art des Verlangens ist grenzenlos, kann niemals Befriedigung finden und führt letztendlich zu Leiden. Dieser Art von Begierde müssen Sie Einhalt gebieten.

Im Anfangsstadium der Übung ist es schwierig, zwischen nützlicher Begierde und leidbringender Begierde zu unterscheiden. Es kann sein, dass eine Praktizierende oder ein Praktizierender Liebe und Mitgefühl empfindet, aber immer noch die unwissende Vorstellung aufrechterhält, dass sie selbst und das Objekt dieser Liebe und dieses Mitgefühls inhärent existent sind. Am Anfang der spirituellen Übung kann sogar die Unwissenheit ein Hilfsmittel für die Erleuchtung sein. Wenn Sie damit beginnen, Liebe und Mitgefühl zu entwickeln und zu entfalten, wäre es ein Fehler, mit der Übung aufzuhören, auch wenn Unwissenheit und Anhaftung darin enthalten sind. Hier ist die einzig gute Entscheidung die, mit der Übung fortzufahren. Es ist nicht möglich, die Anhaftung einfach dadurch zu überwinden, dass Sie Ihren Geist von den Objekten zurückziehen. Stattdessen müssen Sie die Anhaftung überwinden, indem Sie durch die Übung das Gegenteil der Unwissenheit erkennen und verwirklichen.

Wenn Sie jedoch an materiellen Dingen anhaften, dann ist es am besten, wenn Sie von jenen Handlungen Abstand nehmen, die noch größerer Anhaftung Vorschub leisten würden. Zufriedenheit ist nützlich, wenn es sich um materielle Dinge handelt, aber nicht im Hinblick auf die spirituelle Übung. Dinge, an die wir Anhaftung entwickeln, sollten aufgegeben werden, wohingegen wir uns der spirituellen Weiterentwicklung annehmen sollten, da diese ins Unendliche vervollkommnet werden kann, selbst im hohen Alter.

Zwar ist es am Anfang schwierig, zwischen vernünftiger, nicht-leidbringender Begierde und unvernünftiger, leidbringender Begierde zu unterscheiden. Doch es wird Ihnen mit fortdauernder Untersuchung und Analyse möglich sein, schrittweise die Unwissenheit und die leidbringenden Emotionen zu erkennen. Und dadurch wird Ihre Praxis echter und ungetrübter werden. Anhaftung ist einseitig und richtet sich kurzfristig auf eingeengte Art und Weise nur auf Sie selbst. Je mehr Anhaftung Sie entwickeln, desto parteiischer, voreingenommener und eingeengter werden Sie. Selbst kleine Dinge werden Sie stören. Innerer Abstand und Zurückhaltung führen zwar zur Abwesenheit solcher Engherzigkeit, doch sie bedeuten nicht, dass Sie Ihr Interesse aufgegeben haben. Da wir viele Dinge benötigen, brauchen wir inneren Abstand und Zurückhaltung. Und wir benötigen sie, um aufgeschlossener, vorurteilsfreier und ganzheitlicher zu werden. Die Anhaftung hingegen blendet und schließt Dinge aus und ist ein Hindernis. Studenten, die zu sehr an einem Fach anhaften, werden einseitig. Aber es müssen viele Themen studiert werden.

Die allgemeine Vorgehensweise eines kleingeistigen weltlichen Lebens kann unter den „acht weltlichen Anliegen" zusammengefasst werden:

Mögen / Nicht-Mögen
Gewinn / Verlust
Lob / Tadel
Ruhm / Schande.

In einem weltlichen Leben werden Sie unglücklich, wenn die vier unvorteilhaften dieser acht weltlichen Anliegen Ihnen oder Ihren Freunden zustoßen. Und Sie freuen sich, wenn sie Ihren Feinden widerfahren. Derartige Reaktionen orientieren sich alle am Handeln der anderen, wohingegen sich wirkliche Liebe und Mitgefühl nicht an Handlungen orientieren, sondern auf der entscheidenden Erkenntnis basieren, dass diese fühlenden Wesen Glück erlangen und Leiden vermeiden möchten, genau wie Sie selbst, und dass daher alle gleich sind. Einige Handlungen sind gut, andere Handlungen sind schlecht: Doch die Ausführenden dieser Handlungen sind allesamt fühlende Wesen, die sich nach Glück sehnen. Wir müssen immer wieder diese Perspektive einnehmen. Handlungen sind zweitrangig, da sie manchmal positiv und manchmal negativ sind und sich immer verändern. Doch die Tatsache, dass die Lebewesen sich Glück wünschen und Leiden vermeiden wollen, verändert sich niemals. [...]

Einer Liebe, die aufgrund von Begierde und Hass voreingenommen und parteiisch ist, müssen wir ein Ende bereiten. Eine derartige Liebe wird von unvernünftiger und leidbringender Begierde beeinflusst und bringt zwangsläufig auch Hass all dem entgegen, was sich ihr in den Weg stellt. Und mit diesem Hass gehen Eifersucht und alle möglichen Probleme einher. Obwohl Begierde und Lust keinen direkten Schaden anrichten, bringen sie jedoch indirekt all jene Kräfte hervor, die Schaden verursachen. Der Prozess des Ausdehnens der Liebe beginnt deshalb mit der Entwicklung von Gleichmut. Nachdem Gleichmut entwickelt wurde, ist der springende Punkt nicht mehr der, ob ein bestimmter Mensch gut oder schlecht ist, sondern der, dass sich dieser Mensch, genau wie wir selbst, nach Glück sehnt und Leiden vermeiden möchte. Da dieser Wunsch allen fühlenden Wesen innewohnt, können Sie von dieser Erkenntnis in Bezug auf alle Lebewesen Gebrauch machen. Dadurch wird das Fundament Ihrer Liebe sehr stabil. Wenn Sie einmal den Schwerpunkt auf die Gleichheit der anderen Lebewesen mit Ihnen selbst gelegt haben, dann hat Ihre Liebe eine solide

Grundlage, die nicht in Abhängigkeit von zeitbedingten Umständen hin- und herschwankt. [...]

Einer der Hauptgründe für die Entstehung von Begierde und Hass ist der, dass wir zu sehr an diesem Leben anhaften. Wir möchten daran glauben, dass dieses Leben ohne Ende ist, dass es ewig andauern wird. Und so konzentrieren wir uns allzu sehr auf vorübergehende Faktoren und legen zu viel Wert auf materielle Dinge. Dies können wir einzig und allein dadurch umgehen, dass wir darüber nachdenken, dass alles vergänglich ist und vorübergehen wird; auch Sie sind vergänglich, werden vorübergehen und sterben. Wie der tibetische Meister *Thogme Sangpo* sagt, der Ende des 13. Jahrhunderts gelebt hat:

Enge Freunde, die lange zusammengelebt haben,
werden auseinandergerissen,
Unter großen Mühen erworbener Besitz wird zurückgelassen,
Der Gast, das Bewusstsein,
verlässt das Gasthaus, den Körper.

Daher ist es die Übung altruistischer Menschen, diesem Leben zu entsagen und den Griff dieses Lebens zu lockern.

Wie lange wir auch leben werden, allerhöchstens jedoch etwa einhundert Jahre, müssen wir schließlich sterben und werden dieses kostbare menschliche Leben verlieren. Und das könnte jeden Augenblick passieren. Dieses Leben wird sich auflösen, egal, wie viel Reichtum und Besitz wir auch haben mögen. Kein noch so großer Reichtum kann uns eine Verlängerung unseres Lebens erkaufen. Am Tage unseres Todes wird nichts von all den Dingen, die wir angesammelt haben, uns helfen können. Alles muss zurückgelassen werden. In dieser Hinsicht sind sich der Tod eines reichen Menschen und der Tod eines Tieres gleich.

Unter dem Bann der Anhaftung erscheinen uns die Dinge als durch und durch gut, aber in Wirklichkeit ist das nicht der Fall. Wenn sich Anhaftung zu entwickeln beginnt, dann versuchen Sie, negative Eigenschaften im Objekt Ihrer Begierde zu finden. Sobald sich die Anhaftung voll entwickelt hat, ist es sehr schwer, sie zu unterdrücken. Dann ist es wohl am besten, wenn Sie versuchen, Ihre Aufmerksamkeit von dem Objekt zurückzuziehen, vielleicht sogar, sich körperlich davon zu entfernen.

Die Anhaftung an eine enge Freundin oder an einen engen Freund kann so stark sein, dass sie dazu führt, den geliebten Menschen während seines Todes zu stören oder gar aus der Fassung zu bringen. Wenn man heftig die Hand der oder des Sterbenden ergreift und voller Tränen sie oder ihn umarmt und sogar laut jammert und weint, dann kann ein solches Verhalten die Möglichkeit zunichtemachen, dass der sterbende Mensch eine heilsame geistige Einstellung entwickelt, indem man ihn nämlich dazu bringt, sich an sein zu Ende gehendes Leben zu klammern. Während des Sterbens sollten anwesende Freunde die Bedingungen für heilsame Gedanken schaffen, indem der oder die Sterbende mit sanfter Stimme an religiöse Anweisungen und Übungen erinnert wird. Er oder sie sollte daran erinnert werden, dass während des Todes viele ungewöhnliche Erscheinungen auftreten werden, die vom Karma verursacht sind. Es ist von entscheidender Bedeutung zu verstehen, dass es sinnlos ist, an den angenehmen Erscheinungen anzuhaften oder zornig auf die unangenehmen Erscheinungen zu werden. ଔ

BEDÜRFNIS-
LOSIGKEIT

DAS GLÜCK HAT viele Ebenen. Ich stelle mir das Glück als ein harmonisches Zusammenspiel von innerem Frieden im Herzen des einzelnen Menschen und von äußerem Weltfrieden unter den Völkern vor. Und ich wünsche mir möglichst großen Wohlstand für alle Erdbewohner. Armut und Elend bringen kein glückliches Leben. Man muss seine Grundbedürfnisse befriedigen können, man braucht zu essen, sauberes Wasser und ein Dach über dem Kopf. Das gilt für alle Kulturen.

Mancher meint, dass Menschen, die in Saus und Braus leben und ohne große Anstrengungen ihre Tage genießen, ein wirklich glückliches Leben führen. Aber Reichtum ist keine Garantie für das Glück. Oft wachsen mit dem Geld auch die Sorgen. Je mehr man besitzt, desto mehr kann man auch verlieren. Kaum hat man etwas erworben, schon ängstigt man sich vor dem Verlust. Wer sich aus purer Habgier etwas kauft, wird bald merken, dass es andere gibt, die noch mehr besitzen. Man kommt auf diesem Weg nie zur Ruhe. Es gibt zwei Arten, Glück und Leid zu erfahren, auf der geistigen und auf der körperlichen Ebene. Ich glaube, dass die geistige Ebene ausschlaggebend ist. Daher scheint es mir so wichtig zu sein, dass wir unseren Geist üben. So können wir dem Unglück mit größerer Gelassenheit begegnen und für das Glück empfänglicher werden. ⊗

BEREITSCHAFT

ES GAB EINMAL zwei Mönche – einen Lehrer und seinen Schüler. Eines Tages sagte der Lehrer, um seinen Schüler anzuspornen: „Irgendwann werden wir ganz bestimmt einen Ausflug machen." Ein paar Tage später hatte er das vergessen. Doch der Schüler erinnerte den Lehrer an sein Versprechen. Der Lehrer antwortete, er sei viel zu beschäftigt und könne bis auf Weiteres keinen Ausflug machen. Viel Zeit verging; kein Ausflug. Wieder erinnerte der Schüler den Lehrer: „Wann machen wir endlich diesen berühmten Ausflug?" Der Lehrer sagte: „Jetzt nicht. Ich bin viel zu sehr beschäftigt." So geschah es, dass der Schüler eines Tages sah, wie man einen Leichnam forttrug. Und der Lehrer fragte ihn: „Was ist passiert?" Der Schüler antwortete: „Nun, dieser arme Mensch macht einen Ausflug!" Der springende Punkt ist: Solange Sie sich für das, was Ihnen in Ihrem Leben wichtig ist, keine Zeit freihalten, wird es immer andere Verpflichtungen geben, die auf Sie warten. ❧

DANKBARKEIT

UM IHRE DANKBARKEIT gegenüber allen Menschen zu vertiefen, ist es hilfreich, wenn Sie über die unbeabsichtigte Güte und Freundlichkeit derjenigen Menschen nachdenken, die Waren und Dienstleistungen zur Verfügung stellen, ohne dabei unbedingt die Namen oder die Gesichter von jenen zu kennen, die davon Gebrauch machen werden. Wir leben in Abhängigkeit von Menschen, die keine besondere Absicht haben, uns zu helfen.

Wenn wir uns Regen wünschen und es dann regnet, sind wir dankbar, obwohl der Regen keine Absicht hatte, uns zu Hilfe zu eilen. Oder wenn wir uns ein erquickendes Wäldchen wünschen, um darin spazieren zu gehen, freuen wir uns darüber, wenn wir solch ein Wäldchen finden, und sind dankbar dafür, auch wenn die dort stehenden Bäume keine Absicht haben, uns von Nutzen zu sein. Auf ähnliche Weise versorgen uns andere Lebewesen mit allem, was wir für unser Leben brauchen. Andere Lebewesen helfen uns, ohne uns zu kennen. In diesem Leben gibt es so viele Einrichtungen und Annehmlichkeiten, an denen wir uns erfreuen, wie zum Beispiel schöne Gebäude, Straßen und so weiter, die von anderen gebaut worden sind. Wie Sie sehen können, gibt es in diesem Leben Abertausende von Menschen, mit denen Sie nie zusammengetroffen sind, die Ihnen aber Güte und Freundlichkeit entgegenbringen. ❧

DEPRESSION

ICH BIN ÜBERZEUGT, dass die menschliche Natur an sich positiv ist, dass sie grundlegend etwas Reines ist. Schon von Geburt an besitzen wir das Potenzial für alle guten Eigenschaften. Dieses Potenzial zu erkennen, ist die Grundlage für Selbstvertrauen. Menschen, die sich in einer schwierigen psychischen Lage befinden, neigen gewöhnlich dazu, nur die negative Seite der Situation zu sehen. Zudem betrachten sie ihre Situation nicht aus einer größeren Perspektive. Hier gibt es zwei Dinge zu bedenken: Ein Ereignis mag noch so tragisch sein, es gibt immer auch einige positive Aspekte. Die Dinge sind relativ. Deshalb sollte man versuchen, die Situation auch aus einem anderen Blickwinkel zu betrachten. Eine andere Möglichkeit, den Blick auf die Situation zu erweitern, entsteht aus dem Verständnis, dass sich nicht nur dieser eine Mensch Problemen gegenübersieht, sondern weitaus mehr Menschen das gleiche oder noch schwierigere Probleme erleben. Der persönliche Fall ist nicht einzigartig. Ich glaube, depressive Menschen haben das Gefühl, als seien sie die einzigen unglücklichen Menschen auf der Welt und als sei ihr Fall im Vergleich zur Situation der anderen hoffnungslos. Doch tatsächlich gibt es viele andere Menschen, die mit noch mehr Schwierigkeiten, Problemen und Leiden konfrontiert sind. Diese Überlegungen tragen dazu bei, den depressiven Zustand zu lindern. ଓ

FAMILIE

KINDER, DIE IN der liebenden Atmosphäre eines Elternhauses aufwachsen, werden sich eher seelisch gesund entwickeln. Sie werden auch in der Schule besser lernen und erfolgreicher sein. Doch der liebevolle Umgang mit Kindern und Jugendlichen soll sich nicht nur auf das Elternhaus beschränken. Auch in der Schule macht es einen großen Unterschied, wie Lehrer ihren Schülern begegnen. Wenn sie kalt, abweisend und ungerecht zu den Schülern sind, werden die Schüler weniger Gefallen am Wissen bestimmter Fachgebiete haben. Zeigen sie hingegen Zuneigung und Mitgefühl und Verständnis, dann werden die Schüler dem Unterricht mit einem viel größeren Interesse folgen. Abneigung und Ungeduld motivieren sie kaum zu guten Leistungen.

Später, wenn sie eine Familie gründen, können sie auch ihren Kindern ein glückliches Elternhaus geben. Das ist wie eine Kette, die sich von Generation zu Generation fortsetzt. Jemand, der ohne Zuneigung aufwachsen muss und dadurch einen Schaden erleidet, befindet sich in einer ganz anderen Lage. Wenn man keine Liebe erfahren hat, weiß man auch nicht, was das ist, und die Beziehungen zu anderen werden oft schwierig. Das könnte als Grundlage für eine allgemeine Ethik unabhängig von Religionen betrachtet werden: Verstehen, Erbarmen und Zuneigung, die man selbst erfahren hat, an andere weiterzugeben. Die Liebe in der ersten Zeit des menschlichen Lebens ist also eine der wichtigsten Voraussetzungen für die ausgewogene Entwicklung der menschlichen Natur. Fehlt sie, dann fühlen sich die Menschen zeit ihres Lebens verunsichert und werden von allen möglichen Ängsten geplagt. [...]

Eltern müssen ihr Kind nicht nur äußerlich, sondern auch innerlich wärmen. Sie müssen ihrem Kind eine Atmosphäre der Geborgenheit schaffen, in der es sich geliebt und angenommen fühlt. Es gibt viele ungewollte Kinder, um die sich die Eltern kaum scheren. Das kann dann dazu führen, dass sie später, wenn sie Jugendliche geworden sind, nicht mehr weiterleben wollen. Sie sind so verzweifelt, dass sie ihrem Leben selbst ein Ende setzen, weil sie im Elternhaus nie erfahren durften, wie wertvoll und wie sinnvoll ihr Leben, menschliches Leben überhaupt ist.

Die liebende Hinwendung zu einem neugeborenen Kind ist die Voraussetzung, dass es sich geistig und körperlich richtig entwickeln kann. Das gilt bereits für die Zeit, in der ein Säugling die Bedeutung der Worte noch nicht verstehen kann. [...] Da wirkt sich also die Liebkosung eines Babys günstig auf seine spätere geistige Entwicklung aus. Schon ein Kind spürt, wie wichtig die Liebe für den Menschen ist. Ob man Mitgefühl und liebende Hinwendung erfährt oder nicht, das merkt man bereits am Anfang seines Lebens. Liebe ist die Quelle unseres Lebens. Sie ist für den Menschen so wichtig wie das Wasser für den Fisch. ☙

FEINDE

ICH MÖCHTE NOCHMALS betonen, dass die bloße Überzeugung von der positiven Kraft von Mitgefühl, Vernunft und Geduld nicht ausreicht, um diese Qualitäten auch hervorzubringen. Wir müssen warten, bis Schwierigkeiten auftauchen, und uns dann bemühen, diese Qualitäten in die Tat umzusetzen. Und wer schafft uns solche Gelegenheiten?

Natürlich nicht unsere Freunde, sondern unsere Feinde. Sie sind diejenigen, die uns die meisten Probleme bereiten. Wenn wir also wirklich den Wunsch haben, uns weiterzuentwickeln, dann sollten wir unsere Feinde als unsere besten Lehrmeister betrachten. Für einen Menschen, der Mitgefühl und Liebe wertschätzt, ist es wesentlich, Toleranz zu üben, und zu diesem Zweck ist ein Feind einfach unentbehrlich. Darum sollten wir unseren Feinden dankbar sein, weil sie uns effektiv dabei helfen – sowohl im privaten als auch im öffentlichen Bereich –, einen ruhigen und gelassenen Geist zu entwickeln. Auch geschieht es dann, dass durch veränderte Umstände aus Feinden Freunde werden.

Ärger und Hass sind immer schädlich, und sofern wir nicht unseren Geist schulen und daran arbeiten, deren negative Rückwirkungen zu verringern, werden sie fortfahren, uns zu stören, und uns daran hindern, einen gelassenen Geist zu entwickeln. Ärger und Hass sind unsere wahren Feinde. Sie sind genau die Kräfte, denen wir uns stellen und die wir besiegen müssen, und nicht unsere vorübergehenden „Feinde", die während unseres ganzen Lebens immer wieder auftauchen.

Selbstverständlich ist es natürlich und richtig, dass wir uns alle Freunde wünschen. Ich scherze oft, dass wir äußerst selbstlos sein müssen, wenn wir wirklich selbstsüchtig sein wollen! Sie sollten sich gut um andere kümmern, besorgt um ihr Wohlergehen sein, ihnen helfen, dienen, mehr Freundschaften schließen, mehr lächeln. Das Ergebnis? Wenn Sie selbst Hilfe benötigen, werden Sie eine Vielzahl von Menschen finden, die Ihnen helfen werden. Vernachlässigen Sie dagegen das Glück der anderen, werden Sie auf lange Sicht der Verlierer sein. Entsteht Freundschaft durch Streit und Ärger, Eifersucht und ausgeprägtes Konkurrenzdenken? Ich glaube kaum. Allein Zuneigung schenkt uns wirkliche Freunde.

In der heutigen materialistischen Gesellschaft hat es den Anschein, dass man dann viele Freunde hat, wenn man über Geld und Macht verfügt. Sobald man Reichtum und Einfluss verliert, wird man dagegen Probleme haben, Freunde zu finden. Das Problem ist: Wenn die Dinge für uns gut laufen, meinen wir, allein zurechtzukommen und keine Freunde zu brauchen, aber sobald unsere gesellschaftliche Position und Gesundheit schwächer werden, wird uns sehr schnell klar, wie sehr wir uns getäuscht haben. Das ist der Augenblick, in dem wir erkennen, wer uns wirklich hilft. Deswegen müssen wir Selbstlosigkeit entwickeln, um uns auf diesen Moment vorzubereiten, denn dann werden wir echte Freunde haben, die uns beistehen, wenn wir sie brauchen!

Manchmal beginnen die Leute zu lachen, wenn ich sage, dass ich mehr Freunde haben möchte. Ich liebe das Lächeln anderer Menschen. Deswegen ist es mir wichtig, herauszufinden, wie man mehr Freundschaften schließen kann und wie man die Menschen zum Lächeln bringt, wirklichem Lächeln. Denn es gibt viele Arten zu lächeln, wie zum Beispiel sarkastisches, aufgesetztes oder diplomatisches Lächeln. Einige Arten des Lächelns stellen uns nicht zufrieden, manchmal machen sie uns sogar misstrauisch oder ängstlich, nicht wahr? Ein echtes Lächeln schenkt uns dagegen ein echtes Gefühl der Frische, und dies ist meiner Ansicht nach einzigartig für uns Menschen. Wenn wir uns diese Art des Lächelns wünschen, dann müssen wir von selbst die Bedingungen schaffen, die es ermöglichen.

Zusammenfassend möchte ich meine Überlegungen kurz über das bisher Gesagte hinaus ausweiten und eine umfassendere Perspektive einnehmen: Das Glück Einzelner kann in grundlegender und effektiver Weise zu einer allgemeinen Verbesserung der gesamten menschlichen Gemeinschaft beitragen.

Da uns allen das Bedürfnis nach Liebe gemeinsam ist, können wir jeden, dem wir – gleichgültig unter welchen Umständen – begegnen, als unseren Bruder oder unsere Schwester ansehen. Es spielt keine Rolle, wie fremd uns das Gesicht eines Menschen ist oder wie verschieden seine Kleidung oder sein Verhalten ist; letztlich gibt es keinen Unterschied zwischen uns und anderen. Es ist töricht, äußeren Unterschieden zu großen Wert beizumessen, denn hinsichtlich unserer wahren Natur gibt es keinen Unterschied.

Letztendlich ist die Menschheit eins, und dieser kleine Planet ist unser gemeinsames Zuhause. Wenn wir dieses gemeinsame Zuhause schützen wollen, hat jeder von uns die Aufgabe, das belebende Gefühl allumfassender Uneigennützigkeit zu entwickeln. Allein indem wir dieses Gefühl empfinden, kann der rein ichbezogene Wunsch, andere Menschen zu betrügen und für die eigenen Zwecke auszunutzen, aufgelöst werden. Wenn Sie ein aufrichtiges und offenes Herz haben, besitzen Sie ein natürliches Gefühl für Ihren eigenen Wert und sind zufrieden

– und es gibt keinen Grund, andere Menschen zu fürchten. Ich bin überzeugt, dass Mitgefühl auf jeder Ebene der Gesellschaft – sei es in der Familie, in einem Stamm, in einer Nation und international – der Schlüssel zu einer glücklicheren und besseren Welt ist. Wir brauchen keiner bestimmten Religion anzugehören oder an eine Ideologie zu glauben. Es ist allein notwendig, dass jeder Einzelne die ihm eigenen positiven menschlichen Qualitäten entwickelt.

Ich versuche jeden, dem ich begegne, wie einen alten Freund zu behandeln. Dies schenkt mir ein echtes Gefühl von Glück. Das ist die Praxis des Mitgefühls. ∞

FREUNDLICHKEIT

FREUNDLICHKEIT IST MEINE wahre Religion. Gleichgültig, ob du studiert hast oder nicht, ob du an Gott glaubst oder Buddha oder irgendeine andere Religion oder nicht: Im Leben von Tag zu Tag musst du ein freundlicher Mensch sein. Wenn du von Freundlichkeit motiviert bist, spielt es keine Rolle, ob du Arzt bist oder Rechtsanwalt, Politiker oder Beamter, Arbeiter oder Ingenieur. Was auch immer dein Beruf oder Arbeitsgebiet ist: Tief im Innern bist du ein freundlicher Mensch. Liebe, Mitgefühl und Toleranz sind Notwendigkeit, nicht Luxus. Ohne sie kann die Menschheit nicht überleben. Wenn du einer bestimmten Überzeugung oder einer Religion angehörst, so ist dies gut. Aber du kannst auch ohne sie überleben, wenn du Liebe, Mitgefühl und Toleranz besitzt. Der klare Beweis für die Gottesliebe eines Menschen ist, dass dieser seinen Mitmenschen echte Liebe zeigt. Um das Glück und Wohl anderer zu fördern, müssen wir eine besondere altruistische Einstellung haben, mit der wir die Bürde auf uns nehmen können, anderen zu helfen. Dazu wiederum müssen wir großes Mitgefühl besitzen, uns des Leidens anderer annehmen und etwas daran verändern wollen. Um schließlich starkes Mitgefühl zu haben, brauchen wir einen ausgeprägten Liebessinn, der beim Anblick fühlender Wesen den Wunsch verspürt, dass sie glücklich sind, der sich über jeden freut und ihm wünscht, dass er glücklich sei, wie eine Mutter es ihrem geliebten Kind ersehnt.

Um dir eine Vorstellung von der Nähe zu anderen und von deiner Wertschätzung für sie zu machen, denke an eine Person in deinem Leben, die sehr freundlich zu dir war. Dann dehne die Dankbarkeit, die dich erfüllt, auf alle Wesen aus.

FREUNDSCHAFT

WENN MAN NUR an sich selbst denkt und die Rechte und das Wohlergehen der anderen gering schätzt oder – schlimmer noch – sie ausbeutet. wird man am Ende der Verlierer sein. Man wird niemanden haben, der sich für einen interessiert. Im Falle eines Unglücks werden andere keine Anteilnahme, sondern eher Schadenfreude empfinden. Wenn wir hingegen altruistisch und mitfühlend an die Interessen anderer denken, haben wir, wohin wir auch gehen, Freunde und erfahren im Unglück von allen Seiten Beistand und Hilfe.

Echte Freundschaft wächst auf dem Boden der Zuneigung und nicht auf der Basis von Macht oder Geld. Wenn man einflussreich und wohlhabend ist, zieht das viele Menschen an, die einem Geschenke machen und liebenswürdig lächeln. Doch diese Art von Freunden sind sofort verschwunden, wenn Ihr Einfluss und Ihr Vermögen schwinden, keiner von ihnen wird den ernstlichen Versuch machen, Ihnen dann zu helfen. So sieht die Realität aus.

Freundschaft beruht auf Zuneigung, ohne Rücksicht auf Ihre Position. Je mehr Sie sich um das Wohl und die Rechte anderer sorgen, desto mehr sind Sie echter Freundschaft fähig. Je offener und ehrlicher Sie sind, umso mehr werden Sie letztendlich gewinnen. ↄ

WAHRE
FREUNDSCHAFT

MAN KANN BEOBACHTEN, dass Menschen dazu neigen, sich verstärkt um Menschen mit großer Machtfülle zu scharen. Mir drängt sich der Eindruck auf, dass ich heute aufgrund des mir verliehenen Nobelpreises mehr Freunde habe, die jedoch vielleicht nicht die Freunde sind, auf die ich mich letztlich verlassen kann. Leute, die über Ruhm, Macht oder Reichtum verfügen, haben viele Freunde; wobei diese aber nicht unbedingt die wahren Freunde sein müssen. Denn oft fühlen sie sich nur von dem Reichtum oder der Macht der betreffenden Persönlichkeit angezogen. Sollte aber irgendwann dieser Mensch seine Machtfülle oder seinen Reichtum verlieren, so verschwinden nur allzu oft diese vermeintlichen Freunde; solche Freunde kann ich nur als unaufrichtig und falsch erachten. Wahre Freunde teilen miteinander eine unverbrüchliche Nähe und bleiben Freunde ungeachtet sich verändernder Lebensumstände, seien sie mal besser, mal schlechter. Solch ein ehrlich gemeintes Interesse für andere ist eine großartige ethische Einstellung und Gesinnung, die aber in gewisser Weise auch egoistisch ist, da sie letzten Endes dem eigenen Wohl und Interesse nützlich ist – und das im guten Sinne. Meinen Freunden sage ich oft, dass, wenn wir nun einmal egoistisch sein müssen, wir dies auf eine weise und kluge Art sein sollten. Wenn wir selbst ehrlich und aufrichtig sind, werden wir Freunde haben, auf die wir uns verlassen können, was uns wiederum von allgemeinem Nutzen sein wird. Verhalten wir uns jedoch unseren Mitmenschen gegenüber gleichgültig, vernachlässigen wir sie sogar, ist uns ihr Wohlergehen unwichtig und denken wir nur an uns selbst, verlieren wir schließlich das, was wir eigentlich suchen und uns wünschen, und sind somit gewissermaßen die Dummen. ∞

GEDULD

Hat man Geduld entwickelt, / so muss man Beharrlichkeit stärken, / denn in ihr gründet das Erwachen. / So wie ohne Wind keine Bewegung entsteht, / so kein Verdienst ohne Ausdauer.

GEDULD HAT VIELE Facetten, ihr wichtigster Aspekt aber ist das Ertragen von Unrecht und die freudige Bereitwilligkeit, schwierige Situationen zu akzeptieren. Letzteres ist von größtem Nutzen für das Entwickeln von Beharrlichkeit; und beharrliches Streben wiederum verhilft uns zur Buddhaschaft. Wie es bei *Shantideva* heißt: „Denn in ihr gründet das Erwachen." Eine Flamme brennt ruhig, wenn sie vor Wind geschützt wird; in gleicher Weise kann sich der Erleuchtungsgeist mit Hilfe beharrlichen Strebens ohne Störung entfalten. Beharrliches Streben ist die Begeisterung für das Gute. Sich darin zu üben heißt, alles auszuschalten, was die Begeisterung dämpft. Der größte Widerstand kommt von der Trägheit, die sich auf dreifache Weise ausdrücken kann: in einem mangelnden Interesse an dem, was heilsam ist, in einer Neigung zu dem, was nicht heilsam ist, und in einer Geringschätzung unserer eigenen Person, die uns an unseren Fähigkeiten zweifeln lässt. Entmutigung, Trägheit, Genusssucht und übertriebenes Schlafbedürfnis sind ebenfalls Hemmnisse, die in Gleichgültigkeit gegenüber den Leiden des *samsara* zum Ausdruck kommen. ❧

GEIST

ALLE BUDDHISTISCHEN Schulen sagen, dass Existenz und Nichtexistenz durch gültige Erkenntnis bestimmt werden können. Von dieser Perspektive aus betrachtet, scheinen das wahrgenommene Objekt und das wahrnehmende Subjekt gleich stark zu sein. Das höchste buddhistische Lehrsystem, das die Schule des Mittleren Weges genannt wird, und innerhalb dieses Lehrsystems die Konsequenzschule entwickeln diesen Gesichtspunkt noch weiter: Sie stellen fest, dass es nicht so ist, dass ein gültiges Bewusstsein Dinge findet, die aus eigener Kraft heraus existieren. Vielmehr ist es so, dass diese Dinge abhängig davon sind, von begrifflichem Denken konstituiert zu werden. Nichts kann außerhalb begrifflichen Denkens existieren, und alles wird als vom Geist abhängend gesehen. Der Geist ermächtigt und bevollmächtigt. Der Geist erschafft die Welt. Das ist der Grund, warum die buddhistischen Schriften immer wieder sagen, dass das „Ich" und alle anderen Phänomene nur durch die Kraft begrifflichen Denkens existieren. Obwohl das „Ich" in Abhängigkeit von Geist und Körper besteht, sind Geist und Körper nicht das „Ich", noch ist das „Ich" der Geist und Körper. Das „Ich" wird in Abhängigkeit von Geist und Körper hervorgebracht, aber innerhalb von Geist und Körper gibt es nichts, was das „Ich" wäre. Das „Ich" und alle anderen Phänomene werden nur durch den Geist erschaffen. Wenn Sie dies verstehen, dann bekommen Sie eine Ahnung davon, dass Menschen nicht in und aus sich selbst heraus existieren. Sie sind nur etwas in Abhängigkeit Entstandenes. Und wenn Sie dann sehen, dass Phänomene normalerweise nicht so erscheinen, als ob sie unter dem Einfluss von begrifflichem Denken stünden, sondern vielmehr aus eigener Kraft heraus zu existieren scheinen, dann werden Sie erkennen: „Ah! Das ist es, was widerlegt wird." ∞

GEISTIGER LEHRER

DIE FÜHRUNG DURCH einen qualifizierten Meister, durch einen *lama,* ist für ein Weiterkommen auf dem langen spirituellen Weg absolut notwendig. Die Vermittlung der Lehre und der dazugehörige Unterricht durch einen qualifizierten *lama* sind unersetzlich. Denn er hat als das letzte Glied in einer ununterbrochenen Reihe spiritueller Meister direkte Erfahrung von dem, was er lehrt. Die Geschichte des *buddha-dharma* in Indien und Tibet ist voller Beispiele von Meistern, die Erleuchtung erlangt haben. Wie wichtig es ist, einen qualifizierten Meister zu haben, darf nicht unterschätzt werden. Denn auf unserem spirituellen Weg können wir nur dann lohnende Resultate erlangen, wenn wir unter der Führung eines *lama* lernen und praktizieren, dessen Erfahrungen, die er seinen Schülern lehren und vermitteln sollte, authentisch sind. Bevor man sich jedoch einen Lehrer als *lama* auswählt, muss man ihn sorgfältig prüfen, um festzustellen, ob er auch wirklich qualifiziert ist und die erforderlichen Eigenschaften zur Führung und Lehre besitzt.

Das scheint keine leichte Wahl zu sein ...

Nein, das ist keine einfache Angelegenheit. In einigen alten Texten kann man nachlesen, dass bis zu zehn Jahre notwendig sein können, um einen Meister zu prüfen, bevor man ihn dann als wirklichen *lama* auswählt. Dabei ist es unentbehrlich, die Person gut zu kennen, die unser *lama* werden wird, denn später wird dieser Lama eine Inspirationsquelle unserer Handlungen sein und ein Vorbild, dem wir folgen sollten. Haben wir einmal eine Person zu unserem *lama* erwählt, dann müssen wir ihr gegenüber tiefe Verehrung und Vertrauen zum Ausdruck bringen, ihren Ratschlägen und Anweisungen folgen.

Auch wenn sie uns nicht richtig erscheinen?

Wenn wir uns einer Person anvertrauen ... wenn wir diese Person als unseren Lehrer ausgewählt haben, dann müssen wir akzeptieren, das zu tun, was sie uns sagt. Deshalb ist eine richtige Wahl des *lama* so entscheidend. Es ist wichtig, seinen Ratschlägen zu folgen und genau das in Handlungen umzusetzen, worum er uns bittet.

Eure Heiligkeit, Sie sprechen sicherlich nicht von blindem Gehorsam?

Gewiss nicht, selbst Buddha *Shakyamuni* warnte seine ersten Schüler vor den Risiken blinder Hörigkeit. Er riet ihnen, seine Lehre nur nach eingehender Betrachtung anzunehmen. Sie sollten seine Lehre mit der gleichen Aufmerksamkeit prüfen, wie der Goldschmied das Gold prüft, das ihm angeboten wird: Nicht die Worte des Verkäufers sind beim Kauf ausschlaggebend, sondern es geht vielmehr darum, das Gold sorgfältig selbst zu schätzen. Nun, um Ihre Frage zu beantworten: Die Schüler eines *lamas* haben das volle Recht, sich seinem Willen zu verweigern, wenn dieser Handlungen von ihnen verlangt, die im Widerspruch zum *dharma* stehen, oder wenn diese Handlungen von den Schülern selbst als negativ betrachtet werden. Aber es ist naheliegend, dass ein authentischer spiritueller Meister niemals seine Schüler um Handlungen dieser Art bittet, und der Fall, den wir gerade konstruiert haben, scheint mir eher theoretisch zu sein.

Was sind die Hauptkriterien, die ein qualifizierter lama *erfüllen müsste?*

Ein wichtiger Gesichtspunkt ist, dass er wirklich die Lehre lebt, die er vermittelt. Er darf sich nicht auf ein rein theoretisches Wissen der buddhistischen Lehre beschränken, ... er darf nicht nur ein kenntnisreicher Intellektueller sein, dem der Praxisbezug fehlt. Im Gegenteil, ein qualifizierter *lama* muss die erhaltenen Lehren in Handlungen umsetzen können. Er muss die Inspiration der Lehre nicht nur durch Worte, sondern durch sein Verhalten und sein Dasein vermitteln. Ich habe wirklich viele *lamas* dieser Art, wahre buddhistische Meister, kennengelernt. Die konkreten Handlungen eines Lehrers sind wichtig ... sein authentisches Mitgefühl, seine echte Freundlichkeit ... Ich glaube, ein qualifizierter *lama* kann durch sein Dasein genauso viel lehren wie durch die Vermittlung heiliger Schriften. Auch seine Erkenntnis, seine Kenntnis der Lehrunterweisungen, seine Bildung und seine Erfahrung sind sicherlich sehr wichtig, aber alle diese Qualitäten müssen sich in seinen Handlungen und in seinem täglichen Verhalten bewahrheiten. Ich hüte mich davor, von den Meistern zu verlangen, sie müssten ihren Schülern zermürbende Prüfungen abverlangen. Andererseits müssen Schüler einen *lama* nicht erst vor Gericht stellen, bevor sie ihn für sich wählen! (Lacht) Was wir hingegen tun müssen, ist, unsere Intuition, unseren „Sechsten Sinn", zu entwickeln, bevor wir eine Wahl treffen.

Es könnte außerdem sein, dass wir mit einem *lama* nicht zurechtkommen, obwohl er ein ausgezeichneter, mitfühlender und gebildeter Lehrer ist. Das mag vielleicht damit zusammenhängen, dass unser Bedürfnis, uns der Lehre anzunähern, ein anderes ist als das seine. Vielleicht, weil unsere Voraussetzungen uns in eine andere Richtung tragen, hin zu einer anderen Sprache (einer anderen Schule oder spirituellen Strömung). Die Wahl eines *guru* ist also eine wichtige Sache, bei der es besser ist zu warten ... und Zeit verstreichen zu lassen, um dann die richtige Wahl zu treffen. Und wenn die richtige Wahl getroffen wird, dann wird die Begegnung mit dem eigenen *lama* eine der wichtigsten Erfahrungen im ganzen Leben sein. Ein authentischer Meister ist fähig, seinen Schülern den Kern der Lehre zu vermitteln, er vermag ihre besten Anlagen zu erwecken und versetzt sie in die Lage, den Pfad entlang zu schreiten. So bereitet er sie auf den großen Moment der endgültigen Erlösung vor. Ein solcher Meister muss genauso respektiert werden wie Buddha *Shakyamuni* ... er muss als die Verkörperung aller Buddhas angesehen werden ... Ein solcher *lama* wird die Quelle einer tiefen und andauernden Inspiration sein, die unser Dasein völlig verändern kann. [...] ∽

GELASSENHEIT

GEISTIGE RUHE UND Gelassenheit sind eine wichtige Bedingung für gute Gesundheit. Hierfür brauchen Sie keinen Arzt, schauen Sie in Ihr Inneres, versuchen Sie, etwas von Ihrem Potenzial zu nutzen. Dies kommt außerdem billiger! Der zweite Umstand, der zu unserem Glück beiträgt, ist materieller Wohlstand und Komfort. Ob wir aus seiner Nutzung Befriedigung ziehen oder nicht, hängt wiederum von unserer geistigen Einstellung ab. Manchmal, wenn ich früh aufwache und auf meine Uhr blicke, fühle ich mich bedrückt. An anderen Tagen ist meine Stimmung angenehm und friedlich, vielleicht aufgrund von Vorkommnissen am Vortag. Wenn ich dann auf meine Uhr blicke, scheint sie mir wunderschön. Die Uhr ist doch dieselbe, nicht wahr? Es ist meine geistige Einstellung, die den Unterschied macht. [...] Als ich jung war, versuchte ich manchmal, Uhren zu reparieren, was mir oft misslang. Es konnte vorkommen, dass ich dann die Geduld verlor und der Uhr einen Hieb versetzte. Während dieses Augenblicks wurde meine gesamte Einstellung durch den Hass verändert, und danach tat mir mein Verhalten sehr leid. Ich wollte die Uhr doch reparieren, warum sie also auf den Tisch hauen? Auch hier können Sie wieder sehen, dass die geistige Einstellung entscheidend ist, um unsere materiellen Gegebenheiten zu unserer Befriedigung nutzen zu können. ❧

GENÜGSAMKEIT

ICH GLAUBE, DASS es auch für Menschen, die nicht religiös sind, wichtig ist, sich von Habgier zu lösen und genügsam zu werden. Wer keine Genügsamkeit kennt, will immer noch mehr haben. Auch wenn er die ganze Welt besäße, wäre er doch nicht zufrieden. Außerdem sind Reiche oft sehr einsam. Sie können nie wissen, ob andere sie selbst lieben oder ihren Reichtum und ihren Einfluss. Meist verschwinden ja die vielen falschen Freunde wie der Schnee unter der Sonne, wenn der Reichtum verlorengeht. Aber gerade dann wäre man auf echte Freundschaft angewiesen. Im Westen war ich einmal bei einem sehr wohlhabenden Mann eingeladen. Er lebte in einem eleganten und schönen Haus. Doch im Badezimmer standen viele Fläschchen mit Beruhigungs- und Schlaftabletten. Für mich ist das zum Sinnbild geworden, dass, wenn jemand auch alles hat, er deswegen noch lange nicht glücklich zu sein braucht. Aber nicht nur Buddhisten, auch christliche Mönche und Nonnen streben danach, in Genügsamkeit ein einfaches Leben zu führen. Auch sie wissen, dass Geld, Reichtum und Ruhm kein dauerhaftes Glück gewähren. Deshalb können diese Dinge für uns nie zum endgültigen Ziel werden. ❧

GESUNDHEIT

AUF DER ALLGEMEINEN, menschlichen Ebene machen Gesundheit, materieller Wohlstand und gute Freunde unser Glück aus. Was die Gesundheit betrifft, so sind negative Emotionen ihr sehr abträglich. Da uns meist viel daran liegt, unsere Gesundheit zu erhalten, kann uns die richtige geistige Einstellung hier eine Hilfe sein. Unser Geist sollte immer in Gelassenheit verweilen, auch wenn man von Angst überfallen wird, wie das zwangsläufig im Leben vorkommt. Diese Verstörungen sind kurzlebig, wie Wellen, die sich aus dem Wasser erheben und wieder zurücksinken.

Deshalb sollte Ihre geistige Grundeinstellung davon nicht berührt werden.

Wenn Sie gelassen bleiben, bleibt auch Ihr Blutdruck normal, was für Ihre Gesundheit förderlich ist. Ich habe keine wissenschaftliche Erklärung dafür, ich weiß nur, dass meine eigene körperliche Verfassung sich mit zunehmendem Alter verbessert, obwohl ich immer die gleiche Arznei einnehme, den gleichen Arzt habe, das gleiche Essen. Es muss also an meiner geistigen Einstellung liegen. Manchmal sagt man mir: „Sie haben sicherlich ein tibetisches Spezialmittel." Nein, habe ich nicht!

ভ

GEWALT

THEORETISCH GESEHEN, mag Gewalt unter seltenen und besonderen Umständen akzeptabel sein. Das wird aus einer der Geschichten um Buddha deutlich, die als Gedicht überliefert wurde. Es gab einmal den Kapitän eines Schiffes, auf dem sich 500 Händler befanden, und unter diesen 500 war einer, der die anderen 499 Iländler töten wollte, um an deren Besitz und Wohlstand zu kommen. Der Kapitän war eine der früheren Inkarnationen Buddhas; in einem früheren Leben war er ein *bodhisattva,* aber noch kein *buddha.* Er warnte davor, derartige Gedanken zu realisieren. Trotz mehrerer Warnungen hörte dieser Zeitgenosse nicht auf den Buddha, gab seine Pläne nicht auf, sondern feilte sie noch aus. Da entschied sich der Kapitän zu handeln, um die 499 Menschen zu retten und die Sünde des Mordes an 499 Menschen zu verhindern, indem er diesen einen Menschen tötete. Um diesen Menschen zu retten, beging er selbst eine Sünde, nämlich die Tötung dieses Menschen. Er tötete diesen Menschen aus diesem Motiv heraus und unter diesen Umständen. Theoretisch gesehen ist dies absolut richtig. Wenn man diesen Menschen seinen Plan hätte ausführen lassen, hätte er die Sünde begangen, 499 Menschen zu töten, und wäre später mit den schlimmen Folgen konfrontiert worden. Durch seinen Tod wurde sein gegenwärtiges Leben verkürzt, weiter nichts. Mit den schwerwiegenderen Konsequenzen seiner geplanten Tat verglichen, verblasst dieses Leiden.

Der Kapitän besaß keine selbstsüchtigen Motive, wie „Ich möchte nicht töten", was in diesem seltenen Fall ein selbstsüchtiges Motiv gewesen wäre. Also handelte er. So ist Gewalt unter bestimmten Umständen und wenn sie wirklich auf reinen Motiven beruht, erlaubt, um die schlechten Taten anderer zu verhindern, Es mag beispielsweise notwendig sein, um Handlungen anderer zu unterbinden, tatkräftig und mit Gewalt zu reagieren. Aber man sollte dabei nicht sein äußerstes Mitgefühl und seine mitfühlenden Gedanken verlieren. Sehen Sie, es lassen sich zwei Arten der Motivation unterscheiden: eine, die ursächlich bedingt ist, und eine andere, die zur Zeit der tatsächlichen Handlung aufkommt. Die spontane Motivation und die distanzierte Motivation. Die distanzierte oder ursächliche Motivation wird durch Mitgefühl und Liebe ausgedrückt. Die spontane Motivation entspricht einer Art von Zorn. Dieser Zorn selbst ist ohne Zweifel schlecht; aber um aus spontaner Motivation heraus tatkräftig zu handeln, ist bisweilen Zorn nötig. ⚭

GEWISSHEIT

MAN SOLLTE IMMER vorher überlegen, ob man in der Lage ist, eine geplante Aktion auch wirklich auszuführen; ist dies möglich, sollten wir bis zum Ende durchhalten. Wenn wir dazu nicht imstande sind, lassen wir lieber die Hände davon. Wenn man einmal damit angefangen hat, sich in unüberlegte Projekte zu stürzen, wird alles, was man tut, unfertig und fehlerhaft bleiben. Es ist also wichtig, seine Grenzen zu kennen.

Selbstvertrauen darf nicht mit Stolz verwechselt werden. Stolz heißt, eine hohe Meinung von sich zu haben, die durch nichts gerechtfertigt wird, während Selbstvertrauen die berechtigte Gewissheit ist, etwas erreichen zu können. Diese Gewissheit, diese Entschlossenheit, sich nicht entmutigen zu lassen, ist eine große innere Kraft. Sie hilft uns bei der Ausführung unserer Taten, beim Umgang mit den Geistesgiften und gibt uns die dazu nötige Stärke. Gewöhnliche Menschen sind bereit, große Mühen für geringfügige Ziele auf sich zu nehmen. Wir, die wir ein so hohes Ziel verfolgen, sollten Vertrauen in unser Handeln haben und denken: „Ich selbst kann das Wohlergehen der Lebewesen erreichen, es gibt nichts, das über meine Kräfte geht."

GLÜCK

IN UNSEREM GRUNDWESEN unterscheiden wir Menschen uns kaum voneinander; denn schließlich sind wir alle Teil desselben Planeten. Alle wollen aus derselben angeborenen Natur heraus Glück erstreben und Leiden vermeiden. Wir alle haben eine gesunde und gute Selbsteinstellung und wünschen das Gute. Nun, in Hinblick auf materielle Entwicklungen haben wir schon sehr viel erreicht, und jedes Volk auf diesem Planeten bemüht sich um bessere Möglichkeiten und Bedingungen und versucht, für sich eine wohlhabende und erfolgreiche Gesellschaft aufzubauen.

Irgendwann können wir dieses Ziel vielleicht verwirklichen. Jedoch ist für menschliches Glück materieller Fortschritt alleine nicht ausschlaggebend. Der Grund dafür ist recht einfach: Wir Menschen sind nicht das Produkt von Maschinen; nein, wir sind mehr. Und deshalb benötigen wir für unser Glück mehr als nur äußere Gegenstände.

Das Wichtigste im Leben ist menschliche Zuneigung und Liebe. Ohne diese können wir echtes menschliches Glück nicht gewinnen. Wenn wir also ein glücklicheres Leben, eine glücklichere Familie, glücklichere Nachbarn oder ein glücklicheres Volk wollen, liegt der Schlüssel dafür in den inneren Qualitäten. Selbst wenn alle Menschen, die diesen Planten bevölkern, Millionäre werden würden, gäbe es ohne innere Entwicklungen keinen Frieden oder andauerndes Glück. Einige Menschen mögen durchaus sehr reich sein, aber dennoch sehen wir sehr oft, dass sie ganz und gar nicht glücklich sind. Zuneigung, Liebe und Mitgefühl sind einige der wichtigsten Elemente in *unserem* Leben. Seelischer Frieden ist entscheidend für eine gute Gesundheit. Selbstverständlich haben gute materielle Ausgangsbedingungen, eine gut entwickelte Gesundheitsversorgung und gesunde Ernährung ihr Gewicht; aber Glück ist der wichtigste Faktor für (nicht nur körperliche) gute Gesundheit.

Jeder ist um den Weltfrieden besorgt. Waffen oder militärische Macht können zwar unter bestimmten Voraussetzungen und für gewisse Zeit einen relativen Frieden sichern helfen. Auf lange Sicht jedoch lässt sich kein echter und dauerhafter Frieden mit militärischer Konfrontation, im Hass oder durch gegenseitiges Misstrauen herstellen und aufrechterhalten. Weltfrieden insgesamt kann sich nur durch einen geistigen Frieden, durch gegenseitiges Vertrauen und Respekt voreinander entwickeln. Und auch dafür dienen wiederum Mitgefühl und eine von Eigennutz freie Haltung als Schlüsselfaktoren.

Betrachten wir näher, inwiefern Glück in einer Familie im oben angesprochenen Zusammenhang von Bedeutung sein kann. Das wichtigste Element ist Zuneigung. Ob wir später im Leben erfolgreich sind, hängt zu einem nicht unerheblichen Teil von der Atmosphäre und den Umständen ab, in denen wir aufwachsen. Kinder aus Familien, in denen liebevoll und fürsorglich miteinander umgegangen wird, sind die glücklicheren und später auch erfolgreicheren Menschen. Und umgekehrt kann das Leben eines Kindes durch Mangel an Liebe und Zuneigung zugrunde gerichtet werden.

Was ist die Quelle der Zuneigung und wie kann man sie entwickeln und verstärken? Solange es so etwas wie menschlichen Geist gibt, so lange gibt es damit verbunden auch die Grundlage für Zuneigung und Mitgefühl der Menschen untereinander.

Obwohl sich in der menschlichen Natur das Vorhandensein negativer und positiver Gefühle und Gedanken nicht leugnen lässt, so sind doch Liebe und Zuneigung die dominierenden und treibenden Kräfte im Menschen. Und somit ist der Samen für Mitgefühl als einem Wesensmerkmal menschlicher Natur jedem von Geburt an mitgegeben. Im Moment unserer Geburt sind wir noch völlig frei und unbeeinflusst von jeglichen politischen, sozialen und religiösen Ideologien, mit denen wir uns erst später auseinandersetzen müssen; aber wir sind nicht frei in unserem Bedürfnis nach Liebe und Zuneigung. Ohne diese kann ein Neugeborenes oder Kleinkind nicht überleben.

Echte tiefe Zuneigung ist auch ein wichtiges Element bei der Zeugung. Menschliche Zuneigung und Gefühle haben nicht nur mit Liebe oder sinnlichem Genuss zu tun. Wahre Liebe ist mehr als nur Sympathie, Mitleid oder das Gefühl von Nähe, sondern beinhaltet auch einen hohen Grad an Verantwortungsbewusstsein. Echtes Mitgefühl wird erweckt, wenn wir erkennen, dass Menschen, die leiden, unglücklich sind oder in Armut leben, genau wie wir glücklich sein wollen. Mitgefühl meint das Entwickeln eines echten Interesses für das Wohlergehen dieser Mitmenschen. Im Allgemeinen gehen wir beim Mitgefühl als einem Gefühl von Nähe zu unserem Freundeskreis aus, aber eigentlich ist diese Sichtweise durch unsere geistige Projektion einseitig gefärbt. Solange der „vertraute" Mensch ein naher Freund oder eine enge Freundin ist, haben wir ihm oder ihr gegenüber eine positive Einstellung. Sobald sich jedoch Gesinnung und Gefühle ändern, verschwindet auch dieses Mitgefühl beziehungsweise Mitfühlen. Im Grunde handelt es sich also nicht um aufrichtiges Mitgefühl, sondern um eine von sich leicht ändernden Emotionen abhängige Bindung.

Echtes und tiefes Mitgefühl bedeutet, dass wir uns auf eine soziale menschliche Situation einlassen und uns mit ihr und den darin beteiligten Personen auseinandersetzen, gleichgültig, ob diese uns nahe stehen oder nicht. Unverändert bleibt nämlich die Tatsache bestehen, dass die betreffende Person ein Problem hat und leidet; und sie besitzt dasselbe Anrecht darauf wie ich, Leiden zu überwinden und glücklich werden zu können. Heirat oder Ehe und Zeugen von Kindern ist nicht nur das Resultat von blinder, grenzenloser Liebe, sondern beruht auch auf dem bewussten und tiefer gehenden gegenseitigen Sich-Kennenlernen. Wenn wir unseren Partner nicht nur äußerlich-körperlich, sondern auch in seiner geistig-seelischen Komplexität begreifen, können wir gegenseitig Vertrauen und Respekt entwickeln. Nur auf dieser Basis kann eine Ehe wirklich Bestand haben, wobei ein hohes Maß an Verantwortungsbewusstsein ebenso daran beteiligt ist. Jede Zeugung menschlichen Lebens sollte eigentlich nur unter solchen Umständen stattfinden.

Wir menschlichen Wesen besitzen Intelligenz und verfügen über außergewöhnliche Fähigkeiten, die wir konstruktiv anwenden. Ich bin davon überzeugt, dass jene, die mit ihrer hohen Intelligenz und ihren außergewöhnlichen Fähigkeiten andere Menschen oder Situationen nur zugunsten ihrer eigenen egoistischen Interessen manipulieren, dies eines Tages zutiefst bereuen werden. [...] Einige Menschen meinen, dass Mitgefühl, Liebe und Vergebung religiöse Aspekte sind. Aber dem ist ganz und gar nicht so. Liebe und Mitgefühl oder Mitempfinden (was nicht mit Mitleid zu verwechseln ist) sind unabdingbar. [...] ❧

GUT UND BÖSE

Können Sie etwas zu gut und böse sagen?

GUT UND BÖSE sind aus buddhistischer Sicht relativ und hängen von verschiedenen Faktoren ab. Unter bestimmten Bedingungen ist etwas gut, unter anderen Vorzeichen kann das Gleiche sich zum Schlechten wenden. Es gibt also kein absolutes Schlechtes und kein absolutes Gutes. Wir müssen das je nach den gegebenen Umständen neu beurteilen und entscheiden. Aber allgemein kann man sagen, dass alle Handlungen oder alle Faktoren, die uns Glück oder Befriedigung bringen, gut sind; umgekehrt ist alles, was uns Schmerz und Unglück bereitet, schlecht. Die letzte Entscheidung über gut oder schlecht beruht auf Erfahrung und Gefühl. Unser Geist hat das letzte Wort. Ich glaube, dass es geistige Ruhe und Friedlichkeit sind, die uns Entspannung und Glück bringen. Das gilt für jeden. Eine andere Form, dies zu erreichen, besteht im Altruismus. Da alles in wechselseitiger Abhängigkeit besteht, wird auch unsere eigene Zufriedenheit oder Glückseligkeit zum großen Teil durch andere mit bedingt. Wenn andere Menschen, und auch Tiere, zufrieden sind und ihre Glücksgefühle oder irgendeine andere positive Reaktion zeigen, dann werden auch wir zufrieden; daher ist Altruismus ein Schlüsselfaktor. ෴

GÜTE

JEDER EINZELNE VON uns ist für die ganze Menschheit verantwortlich. Es ist an der Zeit, dass wir andere Menschen als wirkliche Brüder und Schwestern betrachten, uns um ihr Wohlergehen und darüber Gedanken machen, wie wir ihr Leid verringern können. Auch wenn man den eigenen Vorteil nicht ganz opfern kann, darf man nicht die Belange anderer vergessen. Wir sollten mehr an die Zukunft und den Nutzen der ganzen Menschheit denken.

Wenn man versucht, die eigenen selbstsüchtigen Antriebe – Zorn und so weiter – zu besiegen und mehr Güte und Mitgefühl gegenüber anderen zu entwickeln, wird der eigene Nutzen größer sein, als wenn man dies nicht täte. Ich sage daher manchmal, dass der kluge Selbstsüchtige dies zu seinem Prinzip machen sollte. Törichte Selbstsüchtige denken immer an sich selbst, und das Ergebnis ist negativ. Kluge Selbstsüchtige denken an andere, helfen anderen, so gut sie können, und das Ergebnis ist, dass auch sie einen Vorteil davon haben. Dies ist meine schlichte Religion. Man braucht keine Tempel, man braucht keine komplizierte Philosophie. Unser eigenes Gehirn, unser eigenes Herz ist unser Tempel, die Philosophie heißt Güte. ❧

HERZENSGÜTE

DIE HEUTIGE WELT wird zusehends materialistischer. Die Menschheit nähert sich, getrieben von dem unersättlichen Verlangen nach Macht und ausgedehntem Besitz, dem Zenit äußerer Entwicklungsmöglichkeiten. In diesem vergeblichen Streben nach äußerer Vervollkommnung der Welt mit ihren relativen Werten entfernt man sich jedoch immer weiter von innerem Frieden und geistigem Glück. Wir alle können dies bezeugen. Denn wir alle werden in dieser furchtbaren Zeit der Massenvernichtungswaffen von unaufhörlichen Ängsten geplagt. Es wird immer dringlicher, dass wir das geistige und spirituelle Leben als die eigentliche stabile Grundlage für das Erlangen von wahrhaftem Glück und Frieden anerkennen.

Deshalb bete ich dafür, dass das kostbare Licht der Spiritualität für lange Zeit in dieser Welt weiterbestehen und die dunklen Schatten einer nur materialistischen Weltsicht aufhellen möge. Wir alle müssen den Willen stärken, große Anstrengungen auf uns zu nehmen, dass dieses Licht fest in unserem Herzen bewahrt wird und sich von dort in der Welt verbreiten kann. Nur so können die Herzen aller für seine heilende Kraft geöffnet werden. Wenn wir einen solchen Entschluss fassen, entgehen wir dem Weg der weltlichen Macht, da die heilende Kraft des Geistes auf natürliche Weise dem Weg des Geistigen nachfolgt. Diese heilende Kraft steckt nicht in den Steinen schöner Gebäude, nicht im Gold von Statuen, nicht in der Seide, aus der schöne Kleider geschneidert werden, und auch nicht in dem Papier der Heiligen Schriften, sondern sie ist in der unaussprechlichen Essenz des Geistes und der Herzensgüte der Menschen zu finden. ☞

HOFFNUNG

WENN MAN IN einer schwierigen Phase steht, kann man in der Weise reagieren, dass man seine Entschlusskraft oder Hoffnung verliert und deprimiert wird. Dies ist natürlich sehr traurig, sehr negativ. Die schwierige Situation kann aber auch die Augen für die wirkliche Situation, die Wahrheit, öffnen. Man sehe sich die menschliche Geschichte an. Die menschliche Geschichte ist gewissermaßen eine Geschichte des menschlichen Denkens. Historische Ereignisse, Kriege, gute Entwicklungen, Tragödien ... all dies sind Zeugnisse negativen oder positiven menschlichen Denkens. All die großen Menschen, die Befreier, die großen Denker, all diese großen Persönlichkeiten der Vergangenheit sind aus positivem Denken hervorgegangen. Tragödien, Tyrannei, all die schrecklichen Kriege, all die negativen Dinge sind durch negatives menschliches Denken geschehen. Im menschlichen Geist sind sowohl positive wie negative Gedanken potenziell vorhanden. Deshalb ist es für den Menschen das einzig Sinnvolle, das positive Denken zu entwickeln, dessen Macht oder Kraft zu steigern und das negative Denken zu verringern. Wenn man dies tut, wird einem durch Menschenliebe, Nachsicht und Güte mehr Hoffnung und Entschlusskraft zuteil. Hoffnung und Entschlusskraft aber bringen eine hellere Zukunft. Wenn man seinem Zorn oder Hass nachgibt, ist man verloren. Kein vernünftiger Mensch möchte verloren sein. Dies ist keine spirituelle Lehre, keine moralische Anweisung. Es ist eine Tatsache, die man anhand der alltäglichen Erfahrung überprüfen kann. Wenn man also menschliche Entschlusskraft entwickeln will, braucht man Hoffnung. Um Hoffnung zu entwickeln, braucht man Mitgefühl und Liebe. Liebe und Mitgefühl sind die Grundlage für Hoffnung und Entschlusskraft. Deshalb betont jede spirituelle Lehre der Welt die Bedeutung von Liebe und Güte. ca

ICH-ERKENNTNIS

IM BUDDHISMUS HAT der Begriff „Selbst" zwei Bedeutungen, die wir deutlich voneinander trennen müssen, um keine Verwirrung zu verursachen. Die eine Bedeutung von „Selbst" ist „Person" oder „Lebewesen". Damit ist ein Lebewesen gemeint, das liebt und hasst, das Handlungen ausführt und dadurch gutes und schlechtes Karma anhäuft, das die Früchte dieser Handlungen erfährt, das im Daseinskreislauf wiedergeboren wird und das sich auf dem spirituellen Weg üben kann und so weiter. Die andere Bedeutung des Begriffes „Selbst" kommt in dem Wort „Selbst-Losigkeit" vor und bezieht sich auf die irrtümlich vorgestellte und überkonkretisierte Existenzweise von Dingen und Phänomenen, die wir „inhärente Existenz" nennen. Die Unwissenheit, die an solch einer Übertreibung festhält, ist de facto der Ursprung allen Verderbens und die Mutter aller falschen Einstellungen – man könnte vielleicht sogar sagen: Diese Unwissenheit ist dämonisch. Der unwissende Geist betrachtet das „Ich", welches von geistigen und körperlichen Attributen abhängt, und übertreibt dieses „Ich" zu etwas, das inhärent existiert, obwohl die geistigen und körperlichen Attribute und Elemente, die vom Geist betrachtet werden, in keiner Weise solch ein übertriebenes Wesen beinhalten.

Was ist dann die tatsächliche Existenzweise eines Lebewesens? Genauso wie ein Auto in Abhängigkeit von seinen Bestandteilen wie beispielsweise Rädern, Achsen und so weiter existiert, wird ein Lebewesen in Abhängigkeit von Geist und Körper konstituiert. Weder getrennt vom Geist und Körper noch innerhalb von Geist und Körper kann eine Person gefunden werden. ∽

DESHALB WERDEN IM Buddhismus das „Ich" und alle anderen Phänomene auch mit dem Beiwort „nur dem Namen nach" beschrieben. Das bedeutet nicht, dass das „Ich" und alle anderen Phänomene nichts anderes als Worte sind, denn die Worte für all diese Phänomene beziehen sich in der Tat auf wirkliche Objekte. Vielmehr ist es so, dass diese Phänomene nicht in und aus sich selbst heraus existieren. Der Begriff „nur dem Namen nach" schließt die Möglichkeit aus, dass die Objekte aus sich selbst heraus gebildet werden. Diese mahnende Erinnerung haben wir hin und wieder nötig, denn das „Ich" und die anderen Phänomene erscheinen uns nämlich nicht so, als ob sie nur durch Name und Gedanken errichtet werden. Ganz im Gegenteil. Beispielsweise sagen wir, dass der Dalai Lama ein Mensch ist, ein Mönch und ein Tibeter. Es sieht dann so aus, dass wir dies nicht in Bezug auf den Körper und den Geist des Dalai Lama sagen, sondern in Bezug auf etwas davon Getrenntes. Ohne auch nur einen Moment innezuhalten und nachzudenken, sieht es so aus, als ob es da einen Dalai Lama gäbe, der getrennt von seinem Körper und unabhängig sogar von seinem Geist existierte. Oder betrachten Sie sich selbst. Wenn Ihr Name beispielsweise Maria ist, dann reden wir von „Marias Körper" und „Marias Geist", so als ob es da eine Maria gäbe, die ihren Geist und Körper besäße, und einen Geist/Körper, der Maria besitzt. Wie können wir nun begreifen lernen, dass diese Sichtweise falsch ist? Konzentrieren Sie sich dafür auf die Tatsache, dass es innerhalb Ihres Geistes und Körpers nichts gibt, das Ihr „Ich" sein könnte. Geist und Körper sind leer von einem greifbaren Ich. Vielmehr hängt das „Ich" vom Körper und vom Geist ab, genauso wie ein Auto in Abhängigkeit von seinen Bestandteilen besteht und auch nicht einmal die Summe seiner Einzelbestandteile ist. Ein „Ich", das unabhängig von Geist und Körper existiert, gibt es nicht, doch es gibt ein „Ich", das in Abhängigkeit von Geist und Körper und in Übereinstimmung mit den Konventionen dieser Welt existiert. Wenn wir uns darum bemühen zu erkennen, wer wir wirklich sind, dann ist es von großem Nutzen, diese Art von „Ich" zu verstehen: Dieses „Ich" kann innerhalb von Geist und Körper nicht gefunden werden und ist auch nicht die Summe von Geist und Körper. Dieses „Ich" existiert nur durch die Kraft seines Namens und unserer Gedanken. ☙

INNERE KRAFT

ICH KOMME AUS einem winzigen Dorf und hatte im Alter von fünfzehn Jahren eine unvorstellbare Verantwortung zu übernehmen. Sie alle sollten sich deshalb von dem großen Potenzial überzeugen, das Sie besitzen, und wissen, dass Sie sich mit Selbstvertrauen und etwas mehr Bemühen wirklich ändern können, wenn Sie es nur wollen. Konzentrieren Sie sich weniger auf die negativen Seiten, wenn Ihnen Ihr Leben unerfreulich scheint oder wenn Sie Schwierigkeiten haben! Sehen Sie die positive Seite, sehen Sie das Potenzial, geben Sie sich Mühe! Dies allein schon garantiert Ihnen einen gewissen Erfolg. Wenn wir unsere ganze Energie und unsere Qualitäten als Menschen nutzen, können wir unsere Probleme überwinden. Ausschlaggebend für die Beziehung zu unseren Mitmenschen ist also unsere geistige Einstellung. Sie ist der Schlüssel zu unserem Glück und Wohlergehen. Dies gilt für alle, auch für die, die an nichts glauben, die einfach nur aufrechte menschliche Wesen sind. Auch für die, die gesund sind, ihren Wohlstand in der richtigen Weise nutzen und erfreuliche Beziehungen zu ihren Mitmenschen haben, gilt, dass der Ursprung unseres Glücks im Inneren liegt und nicht in diesen Dingen. ෬

INNERER
FRIEDEN

MITGEFÜHL BEDEUTET EIN waches Bewusstsein für die Bedürfnisse der anderen. Mitgefühl bedeutet eine größere Aufmerksamkeit für die Glücksuche der anderen. Mitgefühl bedeutet Achtsamkeit für das Leiden anderer und Bereitschaft, ihnen zu helfen, das Leiden zu überwinden. Mitgefühl ist das Wissen um die Verbundenheit mit den andern. Dieses Bewusstsein, diese Aufmerksamkeit, diese Achtsamkeit, dieser Sinn für den anderen, diese Nähe zum anderen – diese mitfühlende Einstellung ist etwas wirklich Kostbares. Denn sie verleiht uns tatsächlich jenen inneren Frieden, nach dem wir uns sehnen. Und nicht nur das: Es fördert auch unsere Gesundheit. Denn der innere Frieden wirkt sich auf unser körperliches Befinden aus. Das innere Gleichgewicht stabilisiert auch unsere körperlichen und organischen Funktionen; es verbessert das Immunsystem. Das innere Gleichgewicht stabilisiert und verbessert aber auch unser Sozialsystem. Eine mitfühlende Grundhaltung bringt neue Freundschaften hervor – nicht nur mit Menschen, sondern auch mit Tieren. Das lässt sich auch aufs Große übertragen: Mitgefühl ist nicht nur der Schlüssel zur Freundschaft zwischen Individuen, es ist auch der Schlüssel zum Frieden zwischen Völkern und Nationen. Frieden in der Welt kann nur aus dem inneren Frieden der einzelnen Menschen entstehen. [...] ଓ

KARMA

IN HINBLICK AUF Schmerz und Freude gibt es laut dem Buddhismus eine entsprechende Beziehung zwischen Ursache und Wirkung. Die unmittelbare Ursache ist Karma, was so viel wie Handlung oder Tat bedeutet. Die morgigen Ereignisse beruhen zu einem sehr großen Teil auf den gestrigen, das Geschehen des laufenden Jahres auf dem des vergangenen, während die Begebenheiten in diesem Jahrhundert durch die des zurückliegenden vorgeprägt worden sind. Die Taten vorangegangener Generationen wirken sich auf das Leben der Nachkommen aus. Dies ist ebenfalls eine Art von Karma. Es gibt jedoch einen Unterschied zwischen Handlungen, die von einer Gruppe Menschen gemeinschaftlich ausgeführt werden, und denjenigen Taten, die ein Einzelner ausführt. Bei Individuen nehmen die Handlungen und das Verhalten in früheren Lebensabschnitten Einfluss auf die nachfolgenden. Was ist nun also der Grund oder Ausgangspunkt für Handeln? Worin besteht die Motivation des Menschen, so und nicht anders zu handeln? Und, viel bedeutender, was ist oder worin besteht Geist? Ist er das Gehirn, also materiell, oder aber eine Art von durch das Gehirn hervorgerufener Energie, also immateriell? Die Antwort darauf ist: beides. Er (der Geist) ist „beides", weil, während unser „grobes", auf Sinnlichkeit bezogenes Bewusstsein durch die Funktion des Gehirns entsteht, die tatsächliche, entscheidende Quelle für das eigentlich wahre Bewusstsein dagegen das innerste, subtile Bewusstsein ist, das nun gerade wiederum nicht von dem Organ Gehirn und dessen Wirkung abhängt. Und was ist die Basis dieses innersten, nicht weiter zu ergründenden, subtilen Bewusstsein? Es gibt zwei Grundlagen: eine „substanzielle" (in sich beruhende, reale) Grundlage und eine „kooperative" Grundlage (die zusammen mit anderen wirksam ist). Die Menschen brauchten fünf Milliarden Jahre, um ihre gegenwärtige menschliche Wesensart zu bilden. Drei bis vier Milliarden Jahre lang gab es kein Leben, nur einige einfache Primärzellen. Trotz aller menschlichen Evolution bleibt die Frage: Warum ist die gesamte Welt, das ganze Universum oder das Sternsystem überhaupt zur Existenz gelangt? Was war oder ist der Grund dafür? Wir könnten darauf antworten, dass es gar keinen Grund gibt oder dass alles plötzlich geschah, aber diese Antworten sind ziemlich unbefriedigend. Eine weitere Antwort könnte darin bestehen, dass es die Tat Gottes oder eines Schöpfers war. Jedoch lässt sich diese Interpretation aus Sicht des Buddhismus und der Jain-Religion nicht halten. Die buddhistische Antwort besagt, dass die Welt ihre Existenz erhielt als Resultat des Karma derjenigen Wesen, die sich diese einzelnen Galaxien nutzbar machten. Nehmen wir als Beispiel ein Haus: Ein Haus existiert, weil es einen Bauherrn gibt, der es so konstruiert, dass es auf eine bestimmte Weise genutzt werden kann. Weil es mit Bewusstsein ausgestattete Wesen gab, die die Absicht hatten, dieses Sternsystem zu bewohnen und zu nutzen, brachte ihr Karma das Universum in einer dem Hausbau vergleichbaren Weise hervor. Wir können dies nicht physikalisch erklären, nur auf der Grundlage eines sich weiter fortentwickelnden und sich selbst bedingenden Geistes. Das subtile Bewusstsein oder der Geist wird nicht durch Anfang oder Ende bestimmt. Dies ist seine grundlegende Wesenseigenart. Ich spreche aber in diesem Zusammenhang auch nicht von einem absoluten Bewusstsein. Sogar auf der allgemein konventionellen Ebene ist die absolute oder grundlegende Natur etwas, das rein und unverfälscht ist. So gesehen hat auch das „grobe" oder sinnliche Bewusstsein seine ihm eigene wesentliche Natur, die selbst völlig rein und unverfälscht ist. Es kann von negativen wie positiven Gedanken beeinflusst werden, wobei alle negativen Regungen auf Unwissen beruhen, das Unwissen selbst aber auf keiner festen Grundlage steht.

In der buddhistischen Lehre trägt jedes Wesen in sich die Möglichkeit, ein Buddha zu werden. Dieses subtile Bewusstsein wird Keim des Buddha oder *sugatahridaya* oder auch *tathagagarbha* genannt. Dies ist die Basis für den Buddhismus im Allgemeinen und den Mahayana-Buddhismus im Besonderen. Im Rahmen des Mahayana-Buddhismus besteht das letztendliche Ziel darin, Buddhaschaft, Erleuchtung oder die höchste Erkenntnis zu erlangen. Man sollte sich entschließen, Buddhaschaft erreichen zu wollen, um allen Lebewesen damit dienen zu können. Diese Entschlossenheit, erleuchtet werden zu wollen, wird *bodhicitta* genannt, was wiederum die Grundlage für die Mahayana-Lehre des uneingeschränkten Altruismus ist. Um *bodhicitta* entwickeln und entfalten zu können, müssen wir zuerst wissen, was es mit den Vier Edlen Wahrheiten auf sich hat. Es ist nämlich möglich, das Leiden zu beenden oder ihm zumindest Einhalt zu gebieten. Dafür müssen wir jedoch wissen, was Leiden ist, und vor allem, wodurch es bewirkt wird. Nur dann kann es uns gelingen, das Leiden zu beenden und dem Weg der Wahrheit beziehungsweise der wahren Erkenntnis zu folgen. Dabei hilft es, wenn wir Entschlossenheit und Uneigennützigkeit entwickeln. Jeden Tag sollten wir die Acht Verse rezitieren und dies zu einem Bestandteil unseres alltäglichen Lebens machen. Wenn wir mit einem Problem konfrontiert werden, sollten wir umgehend die Acht Verse lesen, sie uns selbst vorsprechen und schließlich praktisch anwenden. Dies ist nicht leicht umzusetzen, aber es ist besser, überhaupt einen Anfang zu machen, als später bereuen zu müssen, gar nichts getan zu haben. ☙

Die Acht Verse der Geistesschulung, *von denen der Dalai Lama spricht, stammen von dem tibetischen Gelehrten* Geshe Langri Tangpa (1054–1123). *Sie behandeln neben der Kontrolle störender Emotionen vor allem den Vorsatz der Güte, der Demut und des Mitgefühls.* [Anm. der Hrsg.]

In dem Gedanken, dass alle Wesen kostbarer sind als ein wunscherfüllendes Juwel, will ich lernen, sie zutiefst zu lieben und das höchste Wohl für sie zu erlangen.

Ganz gleich, wo es ist und auf wen ich treffe, will ich mit Respekt lernen, mich in jeder Hinsicht geringer zu sehen und die anderen von ganzem Herzen hochzuschätzen.

In allen Situationen will ich lernen, meinen Geist zu erforschen, und sobald Leidenschaften entstehen, werde ich mich ihnen entschieden widersetzen und sie abwehren, weil sie mich und andere gefährden.

Ich will lernen, Menschen mit schlechtem Charakter, Wesen, die unheilsame Handlungen begehen, und solche, die von heftigen Leiden gepeinigt werden, zu lieben, weil sie so schwer zu finden sind wie ein kostbarer Schatz.

Behandeln mich andere aus Eifersucht schlecht, mit Beschimpfung, Verleumdung und noch mehr, will ich lernen, den Verlust zu ertragen und ihnen den Sieg zu überlassen.

Wenn jemand, dem ich mit großer Hoffnung Wohltaten erwiesen habe, mich grundlos sehr verletzt, so will ich lernen, diesen Menschen als vortrefflichen geistigen Führer zu betrachten.

Ich will lernen, allen Müttern direkt und indirekt Hilfe und Glück zu schenken, und allen Schaden und alles Leid der Mütter im Geheimen auf mich zu nehmen.

Ich will lernen, alle diese Übungen von den Befleckungen durch die acht weltlichen Einstellungen rein zu halten, und indem ich alle Erscheinungen durchschaue, will ich mich von der Fessel des Anhaftens befreien.

Zitiert nach „Tibet und Buddhismus" (Heft 40, 1997), hg. vom Tibetischen Zentrum e. V., Hamburg.

KONZENTRATION

OBWOHL UNSER MOMENTANER Geisteszustand von Ablenkungen gekennzeichnet ist, können wir unsere Fähigkeiten zum Wissen, über die wir alle verfügen, bündeln und gezielt auf ein Objekt, das wir verstehen wollen, lenken und fokussieren. Das geschieht zum Beispiel dann, wenn wir wichtigen Anweisungen zuhören. Durch einen derartigen Fokus werden sämtliche Übungen (wie zum Beispiel die Übung in Liebe und Mitgefühl oder die altruistische Absicht, Erleuchtung zum Wohle aller Lebewesen zu erlangen, oder die Erkenntnis unserer wahren Natur und der tatsächlichen Beschaffenheit aller anderen Phänomene) auf dramatische Weise verbessert, so dass unser Fortschritt viel schneller und viel tiefgründiger ist. Der Buddhismus bietet viele Techniken an, um einen kraftvollen Zustand der Konzentration zu entwickeln, der „ruhiges Verweilen" genannt wird. Er heißt zu Recht „ruhiges Verweilen", da alle Ablenkungen ruhig geworden sind und Ihr Geist – von selbst – ununterbrochen, freudvoll und elastisch auf dem ausgewählten inneren Meditationsgegenstand mit enormer Klarheit und stabiler Beständigkeit verweilt. Auf dieser Stufe der geistigen Entwicklung benötigt die Konzentration überhaupt keine Anstrengung mehr. ∞

KRITIK
ANNEHMEN

DER EIGENE REALISTISCHE Blick auf sich selbst verleiht ein gewisses Selbstvertrauen, eine gewisse innere Stärke. Man weiß, wozu man wirklich fähig ist und wo die eigenen Grenzen liegen. Und daher wird man sich weniger von dem beeinflussen lassen, was andere Leute sagen. Wenn man kritisiert wird und es sich dabei um eine berechtigte Kritik handelt, wird man sie leichter akzeptieren und als Chance nutzen können, um etwas über sich selbst zu lernen. Wird man jedoch fälschlicherweise für etwas beschuldigt, so reagiert man nicht so heftig, da man tief in seinem Inneren weiß, dass die Kritik unberechtigt ist; man kennt sich selbst. Und wenn ein Mensch so viel Selbstvertrauen hat, dass er seine eigenen positiven inneren Qualitäten und Talente erkennt, dann ist er nicht so sehr auf das Lob anderer angewiesen, um dieses Bewusstsein von der eigenen Leistung zu nähren ✑

KUMMER

GEISTIGER UND EMOTIONALER Kummer können ganz natürlich auftreten, doch häufig macht gerade unsere Verstärkung dieser negativen Emotionen alles noch viel schlimmer. Empfinden wir zum Beispiel gegen jemanden Hass oder Ärger, ist es, wenn wir uns nicht weiter mit diesem Gefühl befassen, unwahrscheinlich, dass es sich intensiviert. Denken wir jedoch ständig über die uns zugefügten Ungerechtigkeiten nach, nähren wir natürlich den Hass. Erst dadurch wird der Hass machtvoll und heftig. Das Gleiche gilt, wenn wir Zuneigung zu einem Menschen verspüren: Wir können sie durch den Gedanken verstärken, wie gut sie oder er aussieht – und in dem Maße, wie wir in den auf jenen Menschen projizierten Qualitäten schwelgen, wird die Anhaftung an ihn immer stärker.

Das zeigt nur, wie wir selbst durch konstante Gewöhnung und Gedanken an unsere Emotionen diese immer mehr intensivieren können. Oft tragen wir auch durch Überempfindlichkeit zu unserem Schmerz und Leid bei, etwa durch Überreaktionen auf Kleinigkeiten und manchmal dadurch, dass wir die Dinge zu persönlich nehmen. Wir neigen dazu, Nebensächlichkeiten überzubewerten und aufzublähen. Andererseits bleiben wir oft gleichgültig gegenüber den wirklich wichtigen Dingen – nämlich jenen, die tiefgreifende Auswirkungen auf unser Leben und langfristige Konsequenzen haben. Ob jemand lei-

det, hängt daher in hohem Maße davon ab, wie er auf eine bestimmte Situation *reagiert*.

Angenommen, Sie finden heraus, dass jemand hinter Ihrem Rücken schlecht über Sie spricht. Wenn Sie sich aufgrund
dieses Wissens, aufgrund dieser negativen Haltung Ihnen gegenüber, verletzt fühlen und verärgert reagieren, zerstören Sie
selbst Ihren eigenen geistigen Frieden. Ihr Schmerz ist Ihre
eigene, persönliche Schöpfung. Verzichteten Sie darauf, auf
negative Weise zu reagieren, und ließen Sie die Verleumdung
wie eine sanfte Brise an Ihrem Ohr vorbeiziehen, würden Sie
sich selbst vor diesem Gefühl der Verletzung, diesem Gefühl
der Qual schützen. Obwohl man also schwierige Situationen
nicht immer vermeiden kann, lässt sich doch durch die Entscheidung, wie man auf sie reagiert, das Ausmaß des Leidens
einschränken. ∝

LEBENSZWECK

WAS IST NUN, erstens, der Lebenszweck eines Menschen? Ich meine, dass Glück der Lebenszweck ist. Ob sich ein Zweck hinter der Existenz des Universums oder der Galaxien verbirgt, weiß ich nicht. Tatsache ist jedenfalls, dass wir zusammen mit anderen Menschen uns hier auf diesem Planeten befinden. Weil nun jeder Mensch nach Glück strebt und Leid vermeiden möchte, ist klar, dass dieser Wunsch nicht aus einer Schulung oder irgendeiner Ideologie stammt. Er ist etwas Natürliches. Deshalb glaube ich, dass die Erlangung von Glück, Frieden und Freude der Zweck des Lebens ist. Darum muss man unbedingt untersuchen, worin Glück und Befriedigung bestehen und was ihre Ursachen sind. [...] Ich glaube nun, dass Mitgefühl und Liebe notwendig sind, damit wir Glück oder Gelassenheit erlangen. Diese geistigen Faktoren sind der Schlüssel. Ich glaube, dass sie die grundlegende Quelle sind. Was ist Mitgefühl oder Mitleiden? Aus buddhistischer Sicht gibt es verschiedene Arten von Mitleid. Die Grundbedeutung ist nicht einfach ein Gefühl der Verbundenheit oder einfach ein Gefühl des Bedauerns. Ich glaube vielmehr, dass wir bei echtem Mitleid nicht nur den Schmerz und das Leid anderer fühlen, sondern auch die Entschlossenheit empfinden, dieses Leiden zu überwinden. ❧

LEERHEIT

FALLS DIE LEHRE der Leerheit Ihr Verständnis von Ursache und Wirkung beeinträchtigen sollte, dann wäre es besser, sie vorübergehend außer Acht zu lassen. Das Verständnis von Leerheit muss Ursachen und Wirkungen von Handlungen mit einschließen. Falls Sie denken, dass es kein Gut und kein Böse geben kann, da die Phänomene ja leer sind, dann machen Sie es sich unnötig schwer, die Bedeutung der Leerheit zu verstehen. Es ist notwendig, dass wir Ursachen und ihre Wirkungen erkennen und wertschätzen. ∞

ES IST MANCHMAL hilfreich, einen Menschen, den Sie in hohen Ehren halten, als das Objekt für diese Art von Untersuchung zu nehmen, beispielsweise Ihren eigenen hochgeschätzten spirituellen Lehrer. Im Lichte der Wertschätzung und Hochachtung für Ihren Lehrer werden Sie nicht den Fehler machen, Ursache und Wirkung zu verleugnen, da sie die positive Wirkung dieses Menschen unmöglich verleugnen können. Leerheit ist äußerst wichtig, denn wenn Sie die Leerheit gut verstehen, dann können Sie aus dem Kreislauf der leidbringenden Emotionen befreit werden. Wenn sie die Leerheit nicht verstehen, dann werden Sie, wie an einem Nasenring geführt, in leidbringende Emotionen getrieben, die ein Leben nach dem anderen in Leiden innerhalb des Daseinskreislaufes bewirken. Wenn Sie aber bedenken, dass

Ihre Leerheit von Ihnen abhängt, oder dass die Leerheit eines Autos vom Auto abhängt, dann scheint diese Grundlage, von der die Leerheit eine Eigenschaft ist, fast wichtiger als die Leerheit selbst. So kann es hilfreich sein, wenn Sie manchmal den Schwerpunkt auf die Erscheinung eines Objektes legen, die leer von inhärenter Existenz ist, und manchmal auf die Leerheit von inhärenter Existenz dieses Objektes selbst und dann zwischen diesen beiden hin und her pendeln, anstatt sich nur auf die Leerheit zu konzentrieren. Solch eine abwechselnde Betrachtung wird Ihnen helfen, sowohl das Entstehen in wechselseitiger Abhängigkeit als auch die Leerheit zu ermitteln, was zeigt, dass die Leerheit nicht aus sich selbst heraus und isoliert existiert, sondern die wirkliche Beschaffenheit der Phänomene ist. So sagt das *Herz-Sutra:* „Form ist Leerheit, Leerheit ist Form."

Die natürliche Abwesenheit von inhärenter Existenz einer Form ist Leerheit. Leerheit ist nicht etwas Zusätzliches wie beispielsweise ein Hut auf einem Kopf. Leerheit ist die eigentliche Natur der Form, ihre letztendliche Beschaffenheit. Der tibetische Weise *Tsongkhapa* zitiert hierzu eine Stelle des Kashyapa-Kapitels aus dem *Sutra des Juwelenschatzes:* „Die Leerheit macht Phänomene nicht leer. Phänomene an sich sind leer." Als ich vor etwa einem Jahr in Ladhak war, entdeckte ich eine ähnliche Stelle im *Sutra der Vollkommenheit der Weisheit in fünfundzwanzigtausend Versen:* „Form wird nicht durch die Leerheit leer gemacht. Form an sich ist leer." Das hat mich dazu angeregt, über diese tiefgründige Aussage nachzudenken, und ich möchte gerne mit Ihnen teilen, was ich herausgefunden habe.

Es ist ein bisschen kompliziert, haben Sie bitte ein wenig Geduld mit mir. Zuallererst ist es unbestreitbar, dass Objekte so erscheinen, als ob sie aus sich selbst heraus bestünden. Auch die meisten Schulen innerhalb des Buddhismus akzeptieren diese Erscheinungsweise der Dinge. Denn, so das Argument dieser Schulen, wenn Objekte wie Tische, Stühle und Körper nicht aus sich selbst heraus bestünden, gäbe es keine Möglichkeit, zu postulieren, dass sie existieren. Diese Schulen sagen, dass ein Sehbewusstsein zum Beispiel, das einen Tisch wahrnimmt, gültig ist in Bezug darauf, dass er als tatsächlich bestehend erscheint, und nach der Lehrmeinung dieser Schulen ist es unmöglich, dass ein Bewusstsein gleichzeitig richtig und fehlerhaft ist.

Nach der Lehrmeinung der Schule des Mittleren Weges, die *Chandrakirti* folgt und Konsequenz-Schule genannt wird und von der wir glauben, dass es die tiefgründigste Darstellung dessen ist, wie Phänomene existieren und wie sie wahrgenommen werden, existieren Phänomene wie Tische, Stühle und Körper nicht aus sich selbst heraus. Das Sehbewusstsein irrt sich in Bezug darauf, dass die Objekte so erscheinen, als ob sie in und aus sich selbst heraus bestünden. Doch das gleiche Sehbewusstsein ist gültig in Bezug auf die Gegenwart des Objekts. Auf diese Weise kann ein Bewusstsein gleichzeitig sowohl gültig als auch fehlerhaft sein – gültig in Bezug auf die Gegenwart des Objektes und seiner Existenz, aber fehlerhaft in Bezug darauf, dass das Objekt so erscheint, als ob es seinen eigenen unabhängigen Status hätte. *Chandrakirti* macht geltend, dass Objekte aufgrund des falschen Rahmens unserer gewöhnlichen Wahrnehmung so erscheinen, als ob sie in und aus sich selbst heraus bestünden. In Wirklichkeit ist aber nichts aus sich selbst konstituiert. So ist Form an sich leer und wird nicht erst durch die Leerheit leer gemacht. Was ist es, das leer ist? Die Form selbst. Der Tisch selbst. Der Körper selbst. Auf die gleiche Weise sind alle Phänomene leer von ihrer eigenen inhärenten Existenz.

Leerheit ist nicht etwas, das vom Geist ausgedacht wird, sondern die Dinge sind von Anfang an so. Erscheinung und Leerheit sind eine Entität und können nicht in unterschiedliche Entitäten differenziert werden. ∞

LEERHEIT
VERSTEHEN

EINMAL VERKÜNDETE [ein Nachwuchsgelehrter in Lhasa], er kenne die Antworten alle, könne sie nur nicht in Worte fassen. Man kann sich vorstellen, dass dies zu allgemeiner Erheiterung führte. Auf vergleichbare Weise könnte es der Fall sein, dass wir die Leerheit nicht wirklich verstanden haben, wir aber dennoch tiefgründig erscheinen möchten und dann lediglich die in den buddhistischen Schriften gemachte Aussage wiederholen, dass die Vollkommenheit der Weisheit unvorstellbar und unaussprechlich ist! Doch diese Aussage über die Unvorstellbarkeit und Unaussprechlichkeit der Leerheit drückt lediglich aus, dass die Erkenntnis der Leerheit, wie sie in einer nicht-dualistischen Meditation direkt erfahren wird, nicht mit Worten ausgedrückt werden kann. Sie besagt nicht, dass man über die Leerheit nicht reflektieren und nicht auf sie meditieren kann. Wenn wir Begriffe wie „Leerheit" oder „letztendliche Wirklichkeit" hören, sie aussprechen oder darüber nachdenken, dann erscheinen uns Subjekt und Objekt voneinander getrennt – das wahrnehmende Bewusstsein auf der einen und die wahrgenommene Leerheit auf der anderen Seite, wohingegen in tiefgründiger Meditation Subjekt und Objekt einen einzigen Geschmack haben. Dann sind die wahrgenommene Leerheit und das Bewusstsein, das diese Leerheit wahrnimmt, wie Wasser, das in Wasser gegossen wird und das nicht mehr voneinander unterschieden werden kann. ◌

LEIDEN

Glück erreichen wir nur mit Mühe, / Leid kommt, ohne dass wir es suchen. / Es ist jedoch das Leid, / das in mir den Wunsch nach Befreiung weckt. / Möge mein Geist deshalb stark sein!

VOM AUGENBLICK DER Empfängnis an sind wir allen erdenklichen Leiden ausgesetzt; ihr Entstehen zu verhindern, gelingt uns nicht, obwohl wir dies mit allen Mitteln versuchen. Die Ursachen für ihr Auftreten sind unerschöpflich. Das Glück dagegen, das wir so herbeisehnen, erlangen wir nur mit Anstrengung und unter Einsatz großer Willenskraft. Es ist deshalb sehr wichtig, zu lernen, die Ursachen des Leidens in Ursachen für Glück zu verwandeln. Der Weise versteht es, widrige Umstände für seinen Weg zu nutzen. Denn Leiden hat nicht nur negative Aspekte, es kann große innere Wandlungen bewirken. Wenn es heißt: „Ohne Leiden keine Entsagung", so meint das, dass ohne die Erfahrung des Leidens nie der Wunsch nach Befreiung aus dem Kreislauf der Wiedergeburten in uns entstehen würde. In dem Maße, in dem unsere Ausdauer wächst, lernen wir, Schwierigkeiten zu ertragen. Durch Übung lässt sich dies meistern. Wenn wir uns im Erdulden kleiner Leiden üben, wird es uns auch gelingen, die schwersten zu ertragen. [...]

*Ein großer Wohltäter ist das Leid: / Durch seine Erschütterung
wird mein Stolz gedämpft. / Es weckt Mitgefühl mit den Wesen, /
es lehrt mich, vor unheilsamen Handlungen / zurückzuschrecken
und heilsame zu lieben.*

Der Schock des Leidens lehrt uns Demut, er öffnet uns die
Augen für das Leiden der anderen und führt uns dadurch zu
Mitgefühl und Altruismus. Um weiteres Leiden zu vermeiden,
scheuen wir nun davor zurück, die negativen Handlungen zu
begehen, die es verursachen, und unser Interesse an der Ansammlung von positivem Karma wird sich intensivieren. Wir
alle sind zu uneigennützigem Denken und Handeln fähig,
selbst wenn wir augenblicklich nur das Potenzial dazu in uns
tragen. Wenn dieses Potenzial verwirklicht wird und sich zu
einem grenzenlosen, vollkommenen Altruismus entwickelt,
spricht man von *bodhicitta,* dem altruistischen Erleuchtungsgeist. Hass, Ärger, der Wunsch, anderen Leid zuzufügen, sind
gefährliche Hindernisse für seine Entwicklung. Darum ist es
so wichtig, Geduld als Gegenmittel einzusetzen. Je mehr sie
wächst, desto weniger werden Hass und Ärger Gelegenheit haben, sich überhaupt zu manifestieren. [...] Manchmal sind andere Lebewesen, manchmal unbelebte Dinge die Ursache unserer Leiden. Wir ärgern uns zum Beispiel über schlechtes Wetter
und schimpfen: „Was für ein Mistwetter." Aber meistens gilt
der Ärger unseren Mitmenschen. Wir müssen uns fragen, ob
das gerechtfertigt ist, denn das Verhalten der Menschen, die
uns Probleme bereiten, ist immer von spezifischen Ursachen
und Umständen beeinflusst. Sie sind keineswegs Herr Ihrer
selbst. Jedes Phänomen entsteht durch Interaktion einer Reihe
von Ursachen und Bedingungen. Diesen Mechanismen sind
alle Lebewesen unterworfen, und deshalb ist es unsinnig, ihnen etwas übelzunehmen. ∞

LIEBE

WIR MÜSSEN ZWISCHEN Mitgefühl und Liebe unterscheiden. Gewöhnlich sind die Menschen in der Liebe ungeduldig, weil diese Liebe oft von gemischten Gefühlen geprägt oder durch eine Art von Besitzanspruch verdorben ist. Die Störung oder Verunreinigung dieser eigentlich edlen Gefühle zeigt sich daran, dass unsere Liebe davon abhängt, wie die andere Person auf uns reagiert. Wenn wir uns zum Beispiel einer Person sehr nahe fühlen, aber zwischen uns und dieser Person geschieht etwas Unangenehmes, ändert sich unsere Haltung schlagartig, und unsere Liebe, oder was wir dafür gehalten haben, stirbt. Aber es gibt eine andere Art von Liebe, die echt und aufrichtig ist; wenn man nämlich erkennt, dass der andere Mensch wie wir selbst ist und genau wie wir Glück sucht und kein Leid und auch den Anspruch erheben darf, Leiden überwinden und Glück erreichen zu können. Auf dieser Grundlage kann man echte Liebe und Zuwendung entwickeln, die auch auf Dauer in privaten Beziehungen nicht vergehen. Wenn wir von der Wichtigkeit der Liebe und Zuneigung sprechen, dann meinen wir die aufrichtige, echte Liebe. ༀ

MEDITATION

UM UNSERER PRAXIS mehr Kraft zu verleihen, üben wir uns in meditativer Sammlung und denken über die Folgen der Ablenkung nach. Aufgrund mangelnder Konzentration wird unser Geist von Gedanken überflutet, unsere Meditation wird störbar, und unsere heilsamen Handlungen erzielen nicht mehr ihre volle Wirkung. Ablenkung ist also das Hauptübel, dem wir durch die Entwicklung geistiger Ruhe entgegenwirken müssen. Die Meditation der Geistigen Ruhe (*shamatha*) wird in vielen buddhistischen und nichtbuddhistischen Traditionen geübt. Unentbehrlich für eine vollkommene Sammlung, ist sie eine wirksame Unterstützung aller anderen Übungen. Sie lässt uns die verschiedenen Ebenen der Meditation erreichen, bis hin zur „Abwesenheit von Phänomenen", die die dritte Stufe des Geistes ohne Form darstellt; hier befinden sich die Geistesgifte im Zustand der Latenz. Ohne das Fundament der Geistigen Ruhe kann *vipashyana*, die Durchdringende Einsicht in die wahre Natur der Phänomene, nicht verwirklicht werden. Vollkommene Sammlung ist besonders wichtig, um die Sicht der Leere zu erreichen, die von der Schule des Mittleren Weges gelehrt wird und Sutra und Tantra gemeinsam ist. Diese Sicht zu erreichen heißt, sich mit Hilfe analytischer Meditation Gewissheit darüber zu verschaffen, dass Phänomene keine wirkliche, ihnen innewohnende Existenz besitzen. Wenn uns das gelungen ist, müssen wir versuchen, diese Gewissheit mit Hilfe der vollkommenen Sammlung zu bewahren, denn die Gefahr, sie wieder zu verlieren, ist immer gegeben. Je mehr sich unsere Sammlung stabilisiert, um so klarer wird unser Verständnis der Leere. Was versteht man unter Meditation? Es gibt die analytische Meditation, die durch wiederholtes analytisches Untersuchen das Wesen des untersuchten Objektes mit einer daraus resultierenden intellektuellen Gewissheit begreift. Die kontemplative Meditation lässt den Geist, auf der Basis dieser Gewissheit, in einem Zustand gelassener Klarheit verweilen. Die Visualisierung von Gottheiten und die Übung in Geistiger Ruhe werden ebenfalls als kontemplative Meditation bezeichnet, da sie eher meditative Sammlung als analytisches Denken erfordern. Man kann auch über Hingabe oder Mitgefühl meditieren, um sie dadurch zu entwickeln und ihre Bedeutung zu verstehen. Oder über Vergänglichkeit, darüber, wie Phänomene in jedem Augenblick entstehen und vergehen. Meditation über das wahre Wesen der Phänomene schließlich lässt uns erkennen, dass diese keine wirkliche, ihnen innewohnende Existenz besitzen. Kurz gesagt, Meditation ist Geistesschulung, Entwicklung, Transformation. Die Hauptstütze der Geistigen Ruhe ist eine vollkommene Sammlung, der wichtigste Gegenstand der Meditation ist der altruistische Erleuchtungsgeist. Um Meditation unter günstigen Bedingungen zu üben und um gute Resultate zu erzielen, müssen wir uns vor Ablenkung schützen, die unsere Sammlung stört und den Geist zum Abschweifen animiert. Körperliche und geistige Abgeschiedenheit, wie sie durch den Aufenthalt an einsamen Orten ermöglicht wird, ist dazu am geeignetsten, sie erleichtert das Sich-Lösen von weltlichen Dingen. ⊗

MITGEFÜHL UND FÜRSORGE

WIR MÜSSEN MITGEFÜHL und Fürsorge, ein Gespür für Verbundenheit untereinander entwickeln, weil der Schaden unseres Nachbarn – und damit unserer Nachbarschaft überhaupt – auf uns zurückfallen und uns selbst betreffen könnte. Unter diesen Vorzeichen müssen wir einen weiter gefassten Blick entwickeln, um auf die Menschheit als eine große Familie blicken zu können. Natürlich gibt es verschiedene Rassen, unterschiedliche Traditionen und Kulturen, kaum miteinander zu vergleichende Religionen – wenn man nach Unterschieden sucht, wird man zweifellos etliche finden. Trotz allem teilen wir miteinander einen gemeinsamen Planeten; und wenn andere leiden, leiden wir schließlich auch. Sind wir glücklich, werden andere auch glücklich werden. In dieser Hinsicht brauchen wir ein Gefühl der Verantwortung für den gesamten Globus, eine alles einschließende Verantwortung.

Denkt man vermehrt über andere nach, entwickelt sich ein Gefühl der Fürsorge. Dieses Denken gibt uns eine größere innere Stärke. Wenn man nur an sich denkt, wird ein inneres Gefühl von Unzulänglichkeit aufrechterhalten, denn indem man immer nur sich selbst zum Gegenstand seines Denkens macht, verstärkt sich automatisch das Gefühl, dass man im Vergleich zu anderen zu kurz gekommen ist, woraus sich dann Argwohn entwickelt, was wiederum mehr Ängste aufkommen lässt. Diese Geisteshaltung beschäftigt sich nur mit dem eigenen

Schmerz und Glück; das schafft ein Gefühl der inneren Leere und später der Furcht und Unsicherheit. Dieselbe Geisteshaltung, nun aber konzentriert auf den Schmerz und das Leid anderer, macht uns innerlich stark. Sorgen, die nur um einen selbst kreisen, fördern Furcht, Zweifel und Angst, gepaart mit Gefühlen des Verlorenseins und der Einsamkeit.

Wenn wir schon egoistisch und selbstsüchtig sein sollen oder wollen, dann sollten wir es auf eine kluge und weise Art sein. Die ganze Zeit über nur über uns selbst nachzudenken ruft letztlich mehr Leiden hervor. Deshalb sollten wir zu unserem eigenen Nutzen in unserem Denken verstärkt andere mit einbeziehen. Betrachten wir unser eigenes tägliches Leben und das der Nachbarn, entwickeln wir im Laufe der Zeit eine stärkere innere Selbstsicherheit. Selbstlosigkeit nutzt anderen und uns selbst.

Jeder Mensch, ob gebildet oder ungebildet, reich, arm oder körperlich missgestaltet, besitzt in sich das Potenzial, einige dieser positiven menschlichen Qualitäten und Wertvorstellungen entwickeln zu können, und zwar von Geburt an. Sind sie einmal erlangt, müssen wir sie beibehalten und beständig kultivieren. Hass und zu viel Argwohn haben demgegenüber keinerlei Wert, noch können sie zu irgendetwas Gutem beitragen. Hassgefühle, die wir gegen unsere Nachbarn hegen, werden diesen nicht schaden; aber sie werden unmittelbar unseren eigenen geistigen Frieden stören. Wenn wir zum Beispiel mit einem Nachbarn Probleme haben und uns deshalb wünschen, er möge genauso leiden wie wir, werden wir dieses Ziel kaum erreichen beziehungsweise unseren Wunsch befriedigen können. Ganz im Gegenteil: Unsere gegen den Nachbarn gerichteten negativen Gefühle werden sich irgendwann auf uns selbst ungünstig auswirken, unsere Gesundheit beeinträchtigen und uns unglücklich machen; unsere eigene Familie wird in das Leid mit hineingezogen.

Meine Erfahrung ist folgende: Je ruhiger und gelassener wir sind, umso mehr lenken wir unsere Gedanken auch auf andere, sind also nicht nur auf uns selbst bezogen, und umso mehr ziehen wir daraus für uns selbst Nutzen. Diese geistige Haltung, diese Qualitäten sind bedeutungsvoll und nützlich für ein von Glück erfülltes Leben. Wer darüber näher nachdenkt, wird schließlich feststellen, dass Zorn und Hass nur schädlich für unsere Gesundheit und unser Leben sein können. Eine von Mitgefühl geprägte Einstellung und Fürsorge sind nicht nur für unseren Geist, sondern auch für unseren Körper und unsere Gesundheit von Nutzen. Haben wir ein klares Bewusstsein über die positiven und negativen Seiten, die Gefühle und Gedanken überhaupt entwickelt, wirkt sich dies auf unsere Einstellung aus und verändert im Allgemeinen unsere innere Geisteshaltung. Von dieser spirituellen Ebene her gesehen sollen wir in unserem Leben warmherzig und gutmütig sein. Ob unser Dasein eine tiefere Bedeutung hat oder nicht: Tatsache ist, dass wir existieren und hier auf dieser Welt sind – also sollten wir unsere Existenz für gute Zwecke einsetzen. ✑

MEHR
MITGEFÜHL

WEM GEGENÜBER ENTWICKELN und entfalten Sie Mitgefühl? Die Antwort lautet: „Gegenüber jedem fühlenden Wesen", denn alle werden von irgendeiner Form des Leidens geplagt. Durch Meditation können Sie ein Gefühl der Vertrautheit und Zuneigung gegenüber anderen fühlenden Wesen entwickeln lernen. Dann werden Sie erkennen, dass Sie und die anderen gleichermaßen Glück erlangen und Leiden vermeiden möchten. Sie lernen, dass im Verlauf unzähliger Leben jeder schon einmal Ihr bester Freund oder Ihre beste Freundin gewesen ist und Ihnen voll Freude geholfen hat. Schließlich sehen Sie, dass es in der eigentlichen Natur der menschlichen Gesellschaft liegt, dass andere notwendige Dienstleistungen erbringen, die Ihnen helfen, ob dies nun beabsichtigt ist oder nicht. Wenn Sie nicht diese einfühlsame und anteilnehmende Perspektive hätten, wenn Sie also nicht versuchen würden, das Leiden eines anderen Menschen anhand Ihres eigenen Leidens zu verstehen, dann könnten Sie über den Schmerz eines Feindes sogar Freude empfinden. Vor einigen Jahrhunderten hörte ein Mönch davon, dass ein anderer Mönch, den er nicht mochte, seine Mönchsgelübde gebrochen und eine Frau geheiratet hat. Er freute sich sehr darüber, lud seine Freunde zum Tee ein und sagte zu ihnen: „Ich habe gute Neuigkeiten. Die Leute reden darüber, dass dieser Mönch eine Frau hat." Als der Lehrer des klatschsüchtigen Mönches erfuhr, was geschehen war, sagte er: „Dieses Klatschmaul hat dadurch, dass er Gefallen daran gefunden hat, wenn ein anderer Mönch seine Gelübde bricht, mehr schlechtes Karma angesammelt als der Mönch, der seine Gelübde gebrochen hat." *Tsongkhapa* sagt: „In dieser Welt ist es, wenn du einen Feind leiden siehst, nicht nur nicht unerträglich für dich, sondern du erfreust dich sogar daran. Wenn ein Mensch, der dir weder geholfen noch geschadet hat, leidet, dann wirst du in den meisten Fallen diesem Menschen keine Aufmerksamkeit schenken. Derartige Reaktionen kommen daher, dass du diesen Menschen gegenüber keine Wesensverwandtschaft und eine dadurch bedingte Anziehung empfindest. Wenn du aber einen Freund leiden siehst, dann ist das unerträglich für dich, und der Grad der Unerträglichkeit ist genau so groß wie dein Gefühl der Wesensverwandtschaft und der dadurch bedingten Anziehung für diesen Menschen. Daher ist es von wesentlicher Bedeutung, eine große Wertschätzung, Liebe und Zuneigung für die fühlenden Wesen zu entwickeln." Es spielt keine Rolle, ob die anderen reich oder arm sind, gesund oder krank, jung oder alt – von entscheidender Bedeutung ist es, ein beständiges Gefühl für ihre Liebenswürdigkeit, für ihre Kostbarkeit und für ihr ununterbrochenes Leiden zu haben. Es ist einfacher, Mitgefühl zu entwickeln, wenn man sich ein Lebewesen vorstellt, das unter großer Not leidet. Doch wir müssen auch an diejenigen Menschen denken, die scheinbar überhaupt nicht leiden, sondern sich auf eine Art und Weise verhalten, die erst später zu offensichtlichem Leiden führen wird.

Weiten Sie diese Meditation und dieses Mitgefühl dann auf Menschen aus, die in der Vergangenheit leidbringende Taten ausgeführt und dadurch viele negative karmische Neigungen angesammelt haben. Wenn solche Menschen im jetzigen Leben erfolgreich und wohlhabend sind, dann wohnen diesen

Menschen, selbst wenn die Auswirkungen ihres negativen Karmas momentan noch nicht von ihnen erlebt werden, dennoch Ursachen für zukünftigen Schmerz inne, genau wie ein Krebsgeschwür, das in ihrem Körper schlummert, ohne zunächst Schmerzen zu verursachen. Weiten Sie die Meditation wiederum aus, indem Sie über Lebewesen nachdenken, die die wahre Natur dessen verkennen, was nur oberflächliche Freuden bringt und was dem Leiden der Veränderung unterworfen sein wird. Und schließlich bedenken Sie, wie alle fühlenden Wesen unter dem Einfluss des alles durchdringenden Leidens der bedingten Existenz stehen und in einem Prozess der Bedingtheit gefangen sind, der außerhalb ihrer Kontrolle steht. ᘓ

MIT-
MENSCHLICHKEIT

WENN EIN MENSCH niemals Liebe von seinen Mitmenschen erfahren hat, ist dies sehr traurig. Wenn allerdings dieser Mensch auch nur einem Menschen begegnet, der bedingungslose Liebe, einfach Annahme der Person und Mitgefühl zeigt, und wenn dieser Mensch weiß und fühlt, dass diese Zuneigung und Liebe des anderen Menschen ihm zugedacht ist, dann hat dies zweifellos eine Wirkung, die jeder Mensch wertschätzen wird. Weil auch in diesem betreffenden Menschen ein Same der Menschlichkeit ist, wird die von einem anderen Menschen erfahrene Liebe den Samen öffnen, aufgehen und reifen lassen. ❧

NIHILISMUS

AUFGRUND DER TATSACHE, dass die Phänomene so erscheinen, als ob sie aus sich selbst heraus existierten, kommen
wir zu dem Schluss, dass die Phänomene auf konkretere Weise
existieren, als dies in Wirklichkeit der Fall ist. Auf diese Weise
werden wir in die leidbringenden Emotionen hineingezogen
und schaffen wir die Grundlage für unser eigenes Verderben.
Wir müssen diese Probleme beheben, indem wir immer wieder
über die abhängige Beschaffenheit von allem nachdenken.

Alle Phänomene – nützliche und schädliche, Ursache und Wirkung, dieses und jenes – entstehen in Abhängigkeit von anderen Faktoren und werden durch sie bewirkt. *Nagarjuna* sagt in
seinem *Kostbaren Kranz an Ratschlägen:*

Wenn es dieses gibt, dann entsteht jenes,
So wie „kurz", wenn es „lang" gibt.
Durch die Herstellung von diesem wird jenes hervorgerufen,
So wie Licht durch das Erzeugen einer Flamme.

Durch die wechselseitige Abhängigkeit entsteht Nutzen und
Schaden, können vergängliche Phänomene funktionieren
(sind also nicht nur Einbildung) und ist Karma (das Gesetz von
Handlungen und ihren Wirkungen) plausibel. Ihre Existenz
ist plausibel, und meine Existenz ist plausibel: Wir sind nicht
nur mentale Einbildung. Indem wir das verstehen, befreien wir

uns von dem, was Buddhisten als „das Extrem des Nihilismus" bezeichnen: die falsche Schlussfolgerung, dass ein Phänomen überhaupt nicht existiert, wenn es im Licht der logischen Untersuchung nicht gefunden werden kann. Daher sagt *Nagarjuna:*

Indem man verstanden hat,
dass Wirkungen aus Ursachen entstehen,
sieht man alle Erscheinungen klar
Innerhalb der Konventionen dieser Welt
Und lehnt daher die nihilistische Auffassung ab.

Es gibt zwei Extreme: Auf der einen Seite die übertriebene Ansicht, dass Phänomene aus eigener Kraft heraus existieren, und auf der anderen Seite das Verleugnen von Ursache und Wirkung. Diese zwei Extreme sind wie zwei Abgründe, in die unser Geist fallen kann. Dadurch entstehen schädliche Einstellungen, die entweder den Status von Dingen über ihre eigentliche Natur hinaus übersteigern oder aber die Existenz von Ursache und Wirkung insgesamt verneinen. Wenn wir in den Abgrund der Übertreibung fallen, werden wir dazu verleitet, Ansichten über uns selbst zu entwickeln, die über das, was wir eigentlich sind, weit hinausgehen: ein unmögliches Kunststück. Wenn wir in den Abgrund der Verneinung fallen, verlieren wir den Wert einer gesunden ethischen Einstellung aus den Augen und werden in unschöne Handlungen hineingezogen, die unsere eigene Zukunft in Gefahr bringen. Um die Balance zwischen dem Entstehen in Abhängigkeit und der Leerheit halten zu können, müssen wir zwischen „inhärenter Existenz" und „Existenz an sich" unterscheiden. Und ebenso müssen wir zwischen „Abwesenheit von inhärenter Existenz" und „absoluter Nicht-Existenz" unterscheiden. Dies ist der Grund, warum die großen buddhistischen Weisen in Indien, wenn sie die Doktrin der Leerheit erläutert haben, nicht das Argument benutzten, dass Phänomene leer der Fähigkeit sind, eine Funktion zu erfüllen. Vielmehr haben sie gesagt, dass die Phänomene leer von inhärenter Existenz sind, weil sie etwas in Abhängigkeit Entstandenes sind. Wenn Leerheit auf solche Weise verstanden wird, dann werden die beiden oben beschriebenen Extreme vermieden: Die übertriebene Auffassung, dass Phänomene aus eigener Kraft heraus existieren, wird durch die Erkenntnis der Leerheit vermieden, und das Verleugnen der Existenz einer Funktionalität, also das Verleugnen von Ursache und Wirkung, wird vermieden durch das Verständnis, dass die Phänomene etwas in Abhängigkeit Entstandenes sind und daher nicht absolut nicht-existent.

Daher sagt [der Gelehrte] *Chandrakirti*: Die Vorstellung des Entstehens in Abhängigkeit durchschneidet alle Netze der falschen Anschauungen. Die Argumentation des Entstehens in wechselseitiger Abhängigkeit ist der sicherste Weg, um genauen Kurs zu halten zwischen den beiden Abgründen der falschen Geisteshaltungen und den damit verbundenen Leiden. ଔ

NIRVANA

WAS IST NIRVANA? Die Grundlage, die uns ermöglicht, das
Nirvana zu erreichen, ist die „Buddha-Natur" oder die „natürlich anwesende Veranlagung". Die einzelnen Systeme buddhistischer Lehrmeinung geben unterschiedliche Interpretationen
darüber, was die Buddha-Natur ist; daher gibt es viele Arten
der Buddha Natur, die sich in der Ebene ihrer Subtilität unterscheiden. [...]

Buddha spricht tatsächlich in bestimmten Sutras des Großen Fahrzeugs von drei endgültigen Fahrzeugen. Doch die
höheren Schulen machen deutlich, dass diese Aussagen der
Interpretation bedürfen. Dabei muss man zeigen, was der
eigentliche Gedanke ist, der einer solchen nicht wörtlich zu
nehmenden Aussage zugrunde liegt, was der Zweck dieser
Aussage ist und welche Argumente es gibt, die ihrer wört-
lichen Auslegung widersprechen. Welcher Gedanke lag der
Lehre des Buddha von drei endgültigen Fahrzeugen zugrunde? Es ist der Gedanke, dass Menschen *zeitweilig* eine eindeu-
tige Veranlagung etwa zu einem Hörer, Alleinverwirklicher
oder *bodhisattva* [das sind Stufen der religiösen Erkenntnis
und Erleuchtung; Anm. d. Hrsg.] der haben. Wie ich gerade
erwähnt habe, sprechen die Hörer-Schulen von der Natur
des *Heiligen* oder, anders ausgedrückt, von der Veranlagung
zu einem *Heiligen*. Sie sagen, diese bestehe aus vier einzelnen Veranlagungen. Die ersten drei sind die Zufriedenheit

des Übenden mit einfacher Nahrung, Kleidung und Unterkunft. Die vierte besteht in der freudigen Bemühung darum, fehlerhafte Eigenschaften zu beseitigen und vorteilhafte zu verwirklichen; eine Bemühung, für die die dreifache Zufriedenheit die nötige Grundlage bildet. Diese vier Veranlagungen werden als ursächliche Veranlagungen zu einem Heiligen bezeichnet, weil sie die Ursachen dafür bilden, dass man die Ebene der Heiligkeit erlangt. [...] ∞

IM SYSTEM DER Schule des Mittleren Weges wird die Buddha-Veranlagung allgemein als das bestimmt, was die Eignung besitzt, in einen Buddha-Körper umgewandelt zu werden, wenn eine solche Umwandlung betrieben wird. Sie wird in zwei Arten unterteilt: das, was geeignet ist, sich in den Wahrheitskörper eines Buddha zu wandeln, und das, was geeignet ist, sich in den Formkörper eines Buddha zu wandeln. Die erste ist die natürlich anwesende Veranlagung; die zweite ist die sich entwickelnde Veranlagung. Basierend auf dieser Lehre von der Buddha-Natur, die in allen Wesen gegenwärtig ist, erklärt die Schule des Mittleren Weges, dass es nur ein endgültiges Fahrzeug gibt. Wie ist das Nirvana beschaffen, das in Abhängigkeit von der Buddha-Natur, der Buddha-Veranlagung erreicht wird? Bei der Betrachtung der allgemeinen Bedeutung des Begriffs des Nirvana wollen wir zuerst das erörtern, was „natürliches Nirvana" genannt wird, nämlich das endgültige Wesen der Phänomene. Dieses ist in sich von Natur her rein; und aufgrund dieser reinen Sphäre, die zum Wesen der Phänomene gehört, ist es auch möglich, Befleckungen zu beseitigen und die Befreiung zu erreichen. Darüber hinaus ist die Entität der Befreiung genau dieses reine Wesen. Von diesen Gesichtspunkten her wird das reine Wesen der Phänomene als natürliches Nirvana bezeichnet.

Was die Arten des Nirvana angeht, die erreicht werden können, gibt es zwei niedrigere Ebenen: das Nirvana mit Überresten und das Nirvana ohne Überreste. „Nirvana mit Überresten" bedeutet nach den Schulen der Hörer, dass man das Nirvana verwirklicht hat, aber noch einen Überrest aus solchen körperlichen und geistigen Aggregaten besitzt, die das Resultat von früheren befleckten Taten und Leidenschaften sind. Wenn auch diese zu Ende gehen, tritt das Nirvana ohne Überreste ein. Der Grund, warum dabei von *niedrigeren* Ebenen des Nirvana gesprochen wird, ist der, dass von den zwei Arten von Hindernissen, die es gibt, auf diesen Ebenen nur die auf Leidenschaften zurückzuführenden Hindernisse für die Befreiung aus dem Daseinskreislauf, nicht aber die Hindernisse für die Allwissenheit verlöscht sind.

Die höchste Form von Nirvana tritt auf der Ebene der Buddhaschaft auf. Es wird als „nicht-verweilendes" Nirvana bezeichnet, weil es weder in dem Extrem des Daseinskreislaufs noch in dem Extrem des rein persönlichen Friedens verweilt. Vielmehr hat man mit der Buddhaschaft sowohl die eigene Entwicklung als auch die Fähigkeit, das Wohl der anderen zu erwirken, zur Vollendung gebracht. Man hat nicht nur die Hindernisse durch Leidenschaften, die der Befreiung im Wege stehen, vollständig besiegt, sondern auch die Hindernisse für die Allwissenheit gänzlich überwunden.

Die Hindernisse durch Leidenschaft verhindern die Befreiung aus dem Daseinskreislauf und verursachen der Person, in deren Kontinuum sie vorhanden sind, Leiden. Die Hindernisse für die Allwissenheit hindern daran, alle Wissensobjekte zu erkennen, und deshalb verursachen sie die Unfähigkeit, die Voraussetzungen, Gedanken, Neigungen und Veranlagungen der einzelnen Schüler zu erkennen. Dadurch verhindern sie, dass man das Wohlergehen der anderen in großem Umfang bewirken kann. Das heißt: Wenn man nur die Hindernisse durch Leidenschaften überwindet, erlangt man Befreiung aus dem Daseinskreislauf; aber wenn man zusätzlich die Hindernisse für die Erkenntnis alles Wissbaren aufgibt, erlangt man Allwissenheit.

Wie sind diese verschiedenen Arten des Nirvana in den Zwei Wahrheiten, der konventionellen und der endgültigen, enthalten? *Chandrakirti* sagt, dass ein Nirvana eine endgültige Wahrheit ist; und er begründet es damit, dass ein Nirvana eine Wahre Beendigung ist, die selbst wiederum mit einer Leerheit gleichgesetzt wird. Wie ist das zu verstehen? Das Gegenmittel aller Befleckungen ist die Weisheit, die die Selbstlosigkeit erkennt, wobei Selbstlosigkeit die Abwesenheit von inhärenter Existenz bedeutet. Durch die Kraft dieses Gegenmittels lösen sich die Befleckungen in der Sphäre der endgültigen Natur der Phänomene auf; und eine solche reine Sphäre der Wirklichkeit wird als Wahre Beendigung bezeichnet. So ist es zu verstehen, dass ein Nirvana eine endgültige Wahrheit ist. Obwohl alle Wahren Beendigungen grundsätzlich gleich geartet sind, gibt es viele verschiedene Ebenen. Sie beginnen mit der Wahren Beendigung, die darin besteht, dass man all das aufgegeben hat, was auf dem Pfad des Sehens aufzugeben ist. Wir werden die Fünf Pfade später noch erörtern; jetzt möchte ich sie nur kurz erwähnen. In jedem Fahrzeug, sei es als Hörer, Alleinverwirklicher oder *bodhisattva*, erreicht man der Reihe nach den Pfad der Ansammlung, den Pfad der Vorbereitung, den Pfad des Sehens, den Pfad der Meditation und den Pfad des Nicht-mehr-Lernens. So gibt es drei Gruppen von je fünf Pfaden, insgesamt also fünfzehn Pfade. Auf den ersten beiden Pfaden, dem der Ansammlung und dem der Vorbereitung, hat man noch keine unmittelbare Erkenntnis von der Wahrheit der Leerheit folglich hat man auch noch keine Wahre Beendigung erlangt. Auf dem Pfad des Sehens besitzt man dann jedoch eine unmittelbare Erkenntnis der Leerheit, und dadurch erreicht man eine Wahre Beendigung, die darin besteht, dass man sich von den Faktoren befreit hat, die auf dem Pfad des Sehens aufgegeben werden müssen. Diese Faktoren sind die künstlichen, angelernten Formen der Hindernisse durch Leidenschaften. Auf dem Pfad der Meditation gibt man dann auch die tieferen, angeborenen Hindernisse durch Leidenschaften auf. In beiden Fällen werden die Hindernisse durch ihre Gegenmittel so aufgegeben, dass sie nie wieder entstehen können.

Allgemein gibt es zwei Arten von Beendigungen: analytische und nicht-analytische. Eine nicht-analytische Beendigung ist die Abwesenheit von etwas, die einfach darauf zurückzuführen ist, dass die nötigen Ursachen und Umstände, die es erzeugen könnten, nicht zusammenkommen. Eine analytische Beendigung hingegen ist eine Beendigung, die dadurch erreicht wurde, dass man etwas mit Hilfe seines Gegenmittels überwunden hat. Sowohl auf dem Pfad des Sehens als auch auf dem Pfad der Meditation gibt es „ununterbrochene Pfade" und „Pfade der Erlösung". Jeder ununterbrochene Pfad ist das eigentliche Gegenmittel gegen eine bestimmte Ebene von Hindernissen. Eine nachfolgende meditative Versenkung, die dadurch gekennzeichnet ist, dass man von dieser Ebene von Hindernissen getrennt oder erlöst ist, wird als Pfad der Erlösung bezeichnet.
ର

POSITIV DENKEN

MITGEFÜHL IST GLEICHSAM der Weg oder die Methode und Weisheit, der philosophische Unterbau bei dem Versuch, Wirklichkeit zu verstehen. Die Verbindung von Weisheit und richtiger Motivation ist der wahre Weg, unsere geistige Haltung zu ändern. Dabei lassen sich Gefühle wie Leidenschaft anfangs kaum vermeiden, da sie Teile unserer Charakterzüge aus der Vergangenheit sind. Wenn man diese Gefühle genauer untersucht und positive Gegenkräfte mobilisiert, werden sich die noch bestehenden negativen Gefühle auflösen. [...]

Wenn man schon von Tagesanbruch an diese positive Einstellung entwickelt, schafft man mehr positive Gefühle und Stimmungen, mit denen man dann den ganzen Tag über die am Morgen gewonnene positive Einstellung beibehält. Damit hat man zumindest einen Tag gewonnen, der, wenn auch noch nicht unbedingt perfekt, so doch weniger negativ ist. Am nächsten Tag sollte man ähnlich verfahren, indem man sich sagt: „Ich möchte diesen Tag zu einem positiven, sinnvollen Tag machen." Damit fährt man dann die folgenden Wochen fort; zu Beginn lässt sich nicht alles steuern und erreichen, aber im Laufe der Zeit und mit beständigem Eifer wird man schließlich irgendwann ein neues starkes Gefühl von Hoffnung spüren. Jedem ist dies möglich. ∞

REALISMUS

ES IST WICHTIG, ein Selbst zu haben, das in der Realität verwurzelt ist, eine unverzerrte, realistische Einschätzung der eigenen Fähigkeiten und Beobachtungen. Das ist deshalb so bedeutsam, weil ein Mensch mit einem realistischen Selbstgefühl weniger Gefahr läuft, in psychologische und emotionale Schwierigkeiten zu geraten. Daher ist es wichtig, zuallererst einmal die Faktoren zu identifizieren, die bessere Selbsterkenntnis und Selbstbewusstheit behindern. Ein wesentlicher Faktor ist vielleicht die menschliche Dummheit, die Sturheit. Damit meine ich eine Art dumme Sturheit, die man im Leben oft an den Tag legt. Zum Beispiel wenn man darauf beharrt, immer Recht zu haben, und meint, die eigene Art und Weise, die Dinge zu sehen, sei die einzige und beste. Eine solche Haltung mag manchmal ein Selbstschutz sein, aber sie verhindert jedes realistische Bewusstsein für die eigenen Unzulänglichkeiten. Auch übermäßiger Stolz, der die eigene Bedeutung übermäßig wichtig nimmt, wird eine bessere Selbsterkenntnis vereiteln. Ein arroganter Mensch wird vermutlich weniger offen für Vorschläge und Kritik von außen sein, doch gerade dadurch lernt man, sich selbst besser zu verstehen. Zudem führt ein übersteigertes Selbstgefühl zu unrealistischen Erwartungen an sich selbst ... Werden diese Erwartungen nicht erfüllt – und dies passiert oft –, so wird dies zu einer Quelle ständiger Unzufriedenheit. ❧

RELIGION, GLAUBE

ES GIBT ZWEI Arten von Spiritualität: die eine ist gekoppelt an religiösen Glauben, die andere nicht. Ich meine, dass die zweite Art sehr wichtig ist, denn obwohl die meisten Menschen in eine bestimmte Religionsgemeinschaft und Glaubenskultur hineingeboren sind, folgen sie in ihrem täglichen Leben kaum den jeweiligen Glaubensgrundsätzen; dafür sind die meisten Menschen zu sehr um Geld und um ihr materielles Wohlergehen besorgt. In diesem Sinne muss man die Mehrzahl der Menschen heutzutage den Nichtgläubigen zurechnen. Nicht wenige unserer heutigen Probleme sind von uns Menschen selbst geschaffen worden und Ergebnis unseres Handelns; in Anbetracht dessen scheint es unserem Denken und unserer Wahrnehmung an etwas zu mangeln. Infolgedessen lassen wir zu, dass bestimmte Angelegenheiten sich zu großen Problemen mit harten und schrecklichen Langzeitfolgen auswachsen – ohne dies zu wollen, aufgrund mangelnder Weitsicht und mancher Gleichgültigkeit. Daher ist eine besondere Art von Spiritualität ohne Verbindung zu einem einzelnen bestimmten Glauben von besonderer Wichtigkeit. Man darf nicht meinen, Begriffe wie Liebe, Mitgefühl und Vergeben seien rein religiöser Art. Es zeugt von einer verengten Sicht, wenn man glaubt, dass diese moralischen und ethischen Aspekte außerhalb der Religion und des Glaubens keine Bedeutung hätten. Sicher trifft es zu, dass diese ethischen Fragen in allen großen Religionen einen hohen

Stellenwert besitzen. Wenn wir es jedoch genau betrachten, dann sind religiöser Glauben auf der einen und Liebe, Mitgefühl und Vergebung auf der anderen Seite in ihrem Wesen voneinander sehr verschieden. Nach buddhistischer Überzeugung besitzt ein Mensch bei seiner Geburt keinen religiösen Glauben und hängt auch keinen Überzeugungen oder Ideologien an; er ist davon völlig frei. Im selben Moment ist jedoch das Bedürfnis eines Neugeborenen nach Liebe und menschlicher Nähe äußerst stark. Ohne menschliche Zuneigung könnte es nicht überleben, ohne religiösen Glauben jedoch sehr wohl. Bei Tieren spielen Religionen, Glaubensrichtungen und Rechtsverfassungen offensichtlich keine Rolle, sie wissen aber dennoch sehr genau, wie sie sich um ihre Nachkommen zu kümmern haben. Sie sorgen sich um sie und besitzen auch einen Sinn für Altruismus. Tiere können begrenzten Altruismus entwickeln, aber im Gegensatz zum Menschen keinen unbegrenzten. Zum Beispiel wird ein Tier die Wunde eines anderen lecken und somit zu helfen versuchen. Tiere verfügen über begrenzte Intelligenz und daher auch über ein begrenztes Erinnerungsvermögen, das sich verglichen mit dem menschlichen recht bescheiden ausnimmt. Verschiedene Tierarten besitzen unterschiedlich ausgeprägte Intelligenzgrade, wobei einige durchaus bestimmte Situationen äußerst geschickt handhaben und einschätzen können. Die Menschen verfügen über eine höhere Intelligenz und eine größere Fähigkeit, grenzenlosen Altruismus und ein sehr gutes Erinnerungsvermögen zu entfalten; darin sind Menschen einzigartig. ∾

RUHE

WAS IMMER UNS auch zustoßen mag, wir sollten nicht zulassen, dass es uns zerrüttet und unsere Heiterkeit einer wachsenden Unzufriedenheit Platz macht. Denn Unzufriedenheit ist ein Keim, der Hass in sich birgt. Dann ist es besser, sie von Anfang an nicht aufkommen zu lassen. Für uns wird jemand zum Feind, wenn er uns Schaden zufügt. Aus seiner Sicht aber handelt er möglicherweise so, um seine Interessen oder die seiner Freunde zu schützen. Hass ist im Grunde ein viel niederträchtigerer Feind, denn er hat keinerlei gute Seiten, sondern nur eine Funktion: uns unserer Verdienste zu berauben. [...] Von dem Moment an, in dem Hass in uns aufsteigt, bewirkt er nichts anderes, als uns zu schaden. Darum haben wir allen Grund, ihn zu bekämpfen. Unzufriedenheit entsteht in erster Linie durch unerfüllte Wünsche ... Sie bringt uns der Erfüllung unserer Wünsche in keiner Weise näher, zermürbt selbst die fröhlichsten Menschen und schürt die Flammen des Hasses in gefährlichem Maße. Wir dürfen nicht auslassen, dass Unzufriedenheit unsere gute Laune und unsere Lebensfreude zersetzt; deshalb sollten wir uns auch nicht immer wieder vergangene Leiden in Erinnerung rufen. Warum uns Sorgen machen, wenn wir ein Problem lösen können? Und wenn wir die Situation so akzeptieren müssen, wie sie ist – was für einen Sinn hat es, sich aufzuregen? Das macht alles nur noch schlimmer. ෴

SELBST
UND ICH

DA GIBT ES KEINE Schwierigkeit. Die Philosophie des Nicht-Selbst verneint keinesfalls in irgendeiner Weise die Existenz des Ich. Sie ist hauptsächlich eine Antwort auf nicht-buddhistische Philosophen, die die Ansicht vertreten, man könne außerhalb von Körper und Geist eine Art Besitzer dieses Körpers und Geistes bestimmen. Ein solches Selbst wird als *atman* bezeichnet. Sie sagen, der *atman* sei etwas Beständiges, Unwandelbares; und wenn man nicht annähme, dass ein *atman* getrennt von Körper und Geist existierte, so gäbe es keine Möglichkeit, die Lehre von der Wiedergeburt zu akzeptieren. Das ist ihr philosophisches Konzept. Die Schwierigkeiten, diese Theorie aufrechtzuerhalten, ergeben sich daraus, dass sie nicht in der Lage waren, ein bloßes Ich anzunehmen. (Das Wort „bloß" bedeutet dabei, dass das Ich – wie jedes andere Phänomen – ausschließlich abhängig existent ist; es schließt jede Form eines unabhängigen, inhärenten Seins aus.) Nun, aus buddhistischer Sicht gibt es ein solches bloßes Ich. Wir können zum Beispiel sagen, dass wir hier im Raum fünf Personen sind, vier männliche Personen und eine weibliche Person. Der Begriff der Person, den wir benutzen, wenn wir sagen, dass wir fünf Personen sind, umfasst also sowohl Männer als auch Frauen. In diesem Zusammenhang gibt es die Problematik, die Existenz des Allgemeinen und dessen Verhältnis zu den besonderen Einzelfällen zu erklären. Zu diesem Thema gibt es viele Theorien und

Auseinandersetzungen. Doch als Buddhisten akzeptieren wir die bloße Person. Es gibt ein allgemeines Phänomen Person, und wir fünf Menschen gehören alle zu dieser Kategorie der Person. Nur weil es diese allgemeine Kategorie gibt, können wir überhaupt jemandem die Frage beantworten, ob sich hier im Raum eine Person befindet oder nicht. Wir können miteinander kommunizieren und uns verständigen. Doch wenn wir analysieren, was genau diese Person ist, so können wir sie nicht finden. Diese Tatsache zeigt, dass es ein bloßes Ich gibt. Betrachten wir nun eine besondere Person, so können wir außer diesem Körper und Geist nichts als das Ich oder das Selbst bestimmen. Das Selbst ist daher eine bloße Benennung in Relation zu der Kombination von Körper und Geist. Weil es nur benannt ist, gibt es kein unabhängiges, von Körper und Geist substanziell verschiedenes Ich oder Selbst. Die buddhistische Schlussfolgerung ist daher, dass das Ich ein bloßes Ich ist, das als Benennung auf der Grundlage der Kombination der fünf körperlichen und geistigen Aggregate, der *skandhas*, existiert; mit anderen Worten: auf der Grundlage der Kombination von Körper und Geist.

Wenn wir von Körper und Geist reden, so ist damit allerdings nicht nur dieser grobstoffliche, sichtbare Körper und die grobe Ebene des Geistes gemeint; es gibt darüber hinaus noch subtilere Ebenen von Körper und Geist. Diese subtileren Ebenen existieren selbst dann noch, wenn sich der sichtbare, solide Körper und die grobe Ebene des Geistes aufgelöst haben. So besteht selbst dann die Grundlage des bloßen Ich weiter. Wenn wir nun nicht zwischen den gröberen Ebenen und den subtileren Ebenen von Körper und Geist differenzieren, können wir allgemein sagen, dass immer ein Kontinuum von Körper und Geist besteht. Dieses Kontinuum ist die Grundlage des bloßen Ich, das seit anfangsloser Zeit existiert. In einzelnen Existenzen können sich dann aufgrund des ununterbrochenen Kontinuums des subtilen Körpers und des subtilen Geistes zeitweilig ein grobstofflicher, solider Körper und gröbere Ebenen des Geistes entwickeln, wie wir sie jetzt besitzen. ❦

SELBSTVERTRAUEN

FÜR DIE ENTWICKLUNG eines stärkeren Selbstbewusst-
seins und Selbstvertrauens ist es hilfreich, über die Kostbarkeit
einer Geburt als Mensch nachzudenken und zu meditieren.
Mit Hilfe des menschlichen Körpers und unserer Intelligenz
können wir sehr viel vollbringen, wenn wir uns nur genügend
anstrengen. [...] Der Zustand der Erleuchtung, diese absolute
Natur, die jedes Wesen besitzt und in sich trägt, zeigt, dass in
uns das Potenzial steckt, negative Emotionen zu überwinden.
Indem wir entlang dieser eben skizzierten Richtung denken,
entwickeln wir Selbstvertrauen. Viele Menschen, besonders
im Westen, besitzen keine hohe Selbsteinschätzung oder -ach-
tung. Meiner Meinung nach ist dies sehr gefährlich und auch
dumm. Wir haben einen Körper, unser Hirn und ein gewisses
Maß an Klugheit. Wenn wir, unterstützt durch Meditation und
selbstloses Verhalten, einen ernst gemeinten Versuch machen,
ist es uns möglich, unseren Geist oder unsere Haltung weiterzuentwickeln; im Laufe der Zeit und mit nicht nachlassender
Bemühung kann er sich ändern. Indem wir uns immer wieder
die Aspekte des Positiven und Negativen vergegenwärtigen,
ändern sich nach und nach die Dinge und Verhältnisse. Selbstvertrauen und -achtung, ob im religiösen oder weltlichen Bereich, sind sehr wichtige Faktoren. Mitgefühl wird in diesem
Zusammenhang zu einem entscheidenden Faktor. Eine von
mehr Mitgefühl geprägte Haltung öffnet automatisch eine Art

innerer Tür, womit es sehr leicht wird, mit den Mitmenschen zu kommunizieren, und auf eine etwas andere Weise mit Tieren und Insekten. Wenn unsere eigene Haltung offen ist und wir nichts zu verbergen haben, wird damit sofort eine Basis für mögliche Freundschaft gelegt. Eine negative Kraft wie Furcht zum Beispiel schließt diese Tür sogleich. Wahre und tiefe Freundschaften zu entwickeln ist sehr schwierig und gelingt nur, wenn man selbst die Grundlagen dafür schafft. Wenn man ohne Argwohn und Hinterlist lächelt, wird man zur Antwort wahrscheinlich ebenfalls ein offenes Lächeln erhalten. Negative Gefühlsmomente ersticken diese Möglichkeit, denn man isoliert sich dadurch selbst von der menschlichen Gemeinschaft, wobei sich als Resultat Ablehnung, Einsamkeit, Furcht, Zweifel, Hoffnungslosigkeit und Depressionen einstellen. Mitgefühl dagegen gibt uns innere Kraft. Es öffnet unsere „innere Tür" und ebnet den Weg für bessere Erfahrungen. Die im Buddhismus vertretene Ansicht, dass dieses Leben und dieser Körper einen hohen Wert besitzen, ist wichtig für die Entwicklung des Selbstvertrauens; daneben geht der Buddhismus ebenfalls sehr auf die Vergänglichkeit ein, die auch hier ihre Relevanz hat. Ich möchte an dieser Stelle erwähnen, dass Menschen irrtümlich sehr oft davon ausgehen, egoistische Gefühle oder Haltungen seien schlecht und dass man sein Ego gänzlich ausschalten müsse. Es gibt meiner Auffassung nach zwei Arten von Ego, so wie es zwei Arten des Begehrens gibt. Das Ich-Gefühl, das stark ausgeprägt ist und deshalb die Rechte und Ansprüche anderer übergeht, ist unhaltbar. Dagegen ist der andere Typ von Ich-Gefühl positiv, da es uns in unserem Selbstvertrauen unterstützt und dabei hilft, gute Taten zu verrichten. Die *bodhisattvas* verfügen in diesem Sinne über ein starkes Ego. Die letztgenannte Art von Ego entwickelt eine enorme Beharrlichkeit in denen, die dieses Ego haben. Für sie bedeuten Tage, Monate oder Jahre nichts. Sie denken in großen Zeiträumen; nicht in ein oder zwei Zeitaltern, sondern in Millionen, zahllosen Zeitaltern. Eine solch gar nicht vorstellbare Zeit entmutigt sie jedoch nicht, genauso wenig, wie sie sich von der grenzenlosen Zahl ihrer Mitmenschen verschrecken lassen. Ihre Entschlossenheit ist gerade darauf gerichtet, etwas für die unermessliche Zahl der Menschen über einen unabsehbaren Zeitraum zu tun. Solche unerschütterliche Entschiedenheit ist nur mit einem in sich festen Ego möglich. Dieses Ego ist positiv, auch notwendig, nützlich, konstruktiv und muss von uns immer wieder neu entwickelt werden. Das andere Ego, das andere missachtet und Nutzen durch die Ausbeutung anderer gewinnen will, ist negativ und töricht; mit diesem Ego kann man über kurz oder lang nur verlieren und letzten Endes leiden. Ebenso gibt es zwei Arten von Verlangen. Das eine ist mit einem sinnvollen Ziel verbunden. Dieses Verlangen fördert unsere Entscheidungskraft. Es ist in der buddhistischen Lehre genau diese Art von geistig-seelischem Verlangen, das uns Buddhaschaft erreichen lässt. Das andere Verlangen, das wahllos dieses und jenes bloß möchte, ist ohne tieferen Sinn und führt sehr oft ins Verderben. Da die buddhistische Philosophie das Verlangen als Quelle von Leiden ausgemacht hat, leiten nun einige Menschen daraus ab, dass deshalb jedes Verlangen abzulehnen sei. Das ist jedoch eine falsche Interpretation. ଔ

SPIRITUALITÄT
UND GLAUBE

ICH GLAUBE, DASS ein wirklich glückliches Leben mit inneren und äußeren Mitteln angestrebt werden muss, oder anders gesagt: durch materielle ebenso wie durch geistige Entwicklung. Statt geistig könnte ich auch spirituell sagen, ohne dass ich dabei notwendigerweise an irgendeine Art von religiösem Glauben denke. Wenn ich hier das Wort „spirituell" gebrauche, meine ich damit die grundlegend guten Eigenschaften der menschlichen Natur: Warmherzigkeit, Verantwortungsgefühl, Aufrichtigkeit, Disziplin und Intelligenz, die von einer positiven Motivation gesteuert wird. All dies ist von Anfang an in uns angelegt und stellt sich nicht etwa erst im Laufe unseres Lebens ein.

Der religiöse Glaube allerdings kommt erst später. Der Glaube hat, wie ich meine, zwei verschiedene Aspekte: Zum einen wird hier von Gott, dem Allmächtigen, oder was den Buddhismus angeht, vom Nirvana und dem nächsten Leben gesprochen. Zum anderen lehren uns alle Religionen und spirituellen Überlieferungen, gute, warmherzige Menschen zu sein und damit einfach die uns angeborenen guten Eigenschaften zu fördern und zu verstärken. ∞

STERBEN

MEDITIEREN WIR ÜBER Tod und Unbeständigkeit des Lebens, werden wir zwangsläufig ein Interesse an spirituellen Verwirklichungen entwickeln – ähnlich wie ein Durchschnittsmensch beim Anblick der Leiche eines verstorbenen Freundes beunruhigt und zum Nachdenken über den Tod und seine Folgeerscheinungen veranlasst wird. Die Meditation von Vergänglichkeit und Tod ist sehr nützlich; denn sie durchtrennt die Anhaftung an flüchtige und bedeutungslose Aktivitäten und lenkt den Geist auf den *dharma* hin.

Im *Sutrayana* gibt es zwei hauptsächliche Methoden, den Tod zu meditieren: die sogenannte „Drei-Wurzel"-Technik und die Methode der wiederholten Vorstellung des eigenen Todes. Letztere wird meist eine Zeit lang vor der erstgenannten geübt.

Die „Drei-Wurzel"-Technik hat drei prinzipielle Meditationsobjekte:
1. die Gewissheit des Todes,
2. die Ungewissheit der Todesstunde,
3. die Tatsache, dass zur Zeit des Todes nur die eigene spirituelle Entwicklungsstufe von Wert ist.

Die Gewissheit des Todes ist nicht schwierig einzusehen. Die Welt ist sehr alt, aber wir können kein Lebewesen aufzeigen, das unsterblich wäre. Es liegt in der Natur unseres Körpers, dass er verletzlich und unbeständig ist. Schön oder hässlich, dick oder dünn – wir alle schreiten unaufhörlich dem Tode entgegen, und nichts vermag ihn abzuwenden. Weder körperliche Kraft, Schmeichelei, Bestechung noch alle anderen Dinge dieser Welt können den Tod fernhalten.

Erfahren wir, dass uns eine tödliche Krankheit befallen hat, rennen wir sogleich ganz kopflos von einem Arzt zum nächsten; und wenn diese uns nicht helfen können, gelangen wir zu den Lamas und erbitten von ihnen eine hilfreiche Voraussage. Schließlich sind wir dabei, unsere letzte Mahlzeit einzunehmen, zum letzten Mal unsere Kleidung zu tragen und uns auf unserem Sitzplatz niederzulassen. Dann fällt unser Körper wie ein gefällter Baumstamm zu Boden.

Die Meditation des Todes lässt uns in gewisser Weise unruhig werden; sie verschafft uns ein Unbehagen, als ob uns etwas Bedrohliches beobachten würde. Dieses Gefühl ist sehr real und hilfreich; denn der unausweichliche Tod lauert uns tatsächlich auf.

Wir kennen den Zeitpunkt nicht, an dem der Tod uns niederstrecken wird. Wir wissen nicht, was zuerst kommen wird – der morgige Tag oder das nächste Leben. Niemand von uns kann garantieren, dass er heute Nacht noch leben wird. Schon der allerkleinste Umstand kann bewirken, dass wir diese Welt plötzlich verlassen müssen; selbst lebensfördernde Faktoren wie Nahrung und Medizin können als Gift wirken und unserem Leben ein Ende bereiten.

Wenn wir sterben, verlieren wir unseren Körper mit allen physischen Kräften, Besitz, Macht, Ruhm und Freunde – sie alle können uns nicht mehr begleiten. Nehmen Sie mich zum Beispiel. Viele Tibeter setzen großes Vertrauen in mich und würden alles tun, um das ich sie bitte; aber wenn ich sterbe, muss ich alleine sterben, und keiner von ihnen könnte mich mehr begleiten. Alles, was man mit sich nehmen kann, sind das spirituelle Wissen und die karmischen Eindrücke im eigenen Geist, das heißt die Anlagen und Potenziale, die man durch seine Handlungen im Leben angesammelt hat.

Hat man sich während seines Lebens auf spirituellen Pfaden geschult und die Meditationstechniken als Vorbereitung auf den Tod erlernt, dann wird man auch Zuversicht bewahren und kann wirkungsvoll und furchtlos mit den Erfahrungen umgehen, die während des Todes auftreten. Indem wir uns während unseres Lebens schulen und eine Bewusstheit des Sterbeprozesses entwickeln, werden wir dann, wenn der Atem schließlich stillsteht und die Elemente unseres Körpers sich schrittweise auflösen, fähig sein, mit den einzelnen Stufen des Todesablaufes umzugehen und das Klare Licht des Todes bei seinem Auftreten zu erkennen.

Das Schwinden dieses Bewusstseinszustandes des Klaren Lichts stellt exakt die Schwelle zum Tod dar. Es heißt: Bevor das Bewusstsein des Klaren Lichts auftritt, fällt man in eine tiefe Bewusstlosigkeit, und wenn eine Durchschnittsperson verwirrt aus diesem Zustand erwacht, wird sie die Erscheinung des Klaren Lichts nicht erkennen können. Jemand hingegen, der in höheren Meditationspraktiken geübt ist, erkennt die einzelnen Stufen des Sterbeprozesses und entwickelt eine besondere Achtsamkeit, bevor er in die Bewusstlosigkeit eintritt. So transformiert er die Wirkungen dieses sehr subtilen Zustandes, und wenn er daraus erwacht, wird es ihm möglich sein, das Klare Licht des Todes zu identifizieren. Und selbst nach dem Vergehen des Klaren Lichts, wenn man den Körper verlässt und in den Bar-do (Zwischenzustand) überwechselt, wird man den Bar-do als solchen erkennen und die auftretenden Halluzinationen und Visionen mit Gleichmut und Einsicht auf sich nehmen können. Ein Durchschnittsmensch gerät an diesem Punkt unter den Einfluss von Ärger, Anhaftung, Unwissenheit und anderen Leidenschaften und durchläuft eine entsprechend ungünstigere Entwicklung. Der spirituell Geschulte hingegen verweilt in Weisheit und Gelassenheit. Er „verwandelt" das Bewusstsein des Klaren Lichts des Todes in den vollkommenen Weisheitskörper (*dharmakaya*) und die Erfahrung des Bar-do in den vollendeten Körper des Vollkommenen Erfreuens (*sambhogakaya*). Um sein Streben, den anderen Wesen zu helfen, in die Tat umzusetzen, kann er dann nach eigenem Wunsch an jedem beliebigen Ort im gesamten Universum Geburt annehmen.

Wer nicht in der Lage ist, beim Tod diese yogischen Übungen durchzuführen, sollte zumindest versuchen, während des Sterbeprozesses eine klare Bewusstheit aufzubringen und Gedanken der liebevollen Zuneigung, des Mitgefühls und des Erleuchtungsgeistes aufrechtzuerhalten. Ebenfalls von großem Vorteil ist es, sich seines Meisters und der Drei Zufluchtsjuwelen zu erinnern und sie um ihre Führung zu bitten. Dies wird einem helfen, mit einer Geistesverfassung in den Zwischenzustand einzutreten, die einer weiteren, der spirituellen Entwicklung förderlichen Geburt in den höheren Daseinsbereichen dienlich ist.

Wir alle tragen in unserem Geistesstrom eine unbegrenzte Anzahl karmischer Prägungen, die von positiven und negativen Handlungen der Vergangenheit herrühren. Eine ungeübte Person wird ihre Hoffnung vornehmlich darauf setzen, durch das Aufrechterhalten eines positiven Gedankenstroms im tatsächlichen Todesmoment ein stark positives karmisches Potenzial zu aktivieren, welches sich wiederum auf die nachfolgende Bar-do-Existenz in entsprechend positiver Weise auswirken wird. Ein solches Vorgehen ist für eine ungeübte Person am hilfreichsten. Ein Yogi und eine gewöhnliche Person haben also recht unterschiedliche Methoden zur Verfügung. Im Tode sollten wir unseren Geist in der oben erläuterten Art ausrichten. In Hinsicht auf die Umgebung des Sterbenden ist es von Bedeutung, dass während des Sterbeprozesses und auch nach dem Verscheiden der Raum nicht mit weinenden und wehklagenden Menschen angefüllt ist; jedes Ereignis, das den Geist des Sterbenden in Unruhe versetzen könnte, muss von ihm ferngehalten werden. Bei jemandem, der ein negatives Leben geführt hat, treten gewöhnlich keine positiven Gedanken zur Zeit des Todes und keine kontrollierbaren Erfahrungen während des Zwischenzustandes auf. Deshalb sollten wir von nun an bewusst den Tod bedenken und uns mit den Übungen zur Entwicklung spiritueller Qualitäten befassen, welche uns nicht nur in diesem Leben von Nutzen sein werden, sondern uns auch dazu befähigen, dem Tod und dem Zwischenzustand hinreichend gewappnet entgegenzutreten. ❦

TÄUSCHUNG

DIE TÄUSCHUNG IST wie ein Spiegelbild oder eine Luft-spiegelung. Beide vermitteln eine grobe Vorstellung von dem Widerspruch zwischen dem, wie etwas erscheint und wie es in Wirklichkeit existiert. Wenn Sie erkannt haben, dass ein Ab-bild eines Gesichtes im Spiegel nicht wirklich ein Gesicht ist, heißt das noch nicht, dass Sie die Abwesenheit inhärenter Exis-tenz des Spiegelbildes erkannt haben. Denn in dem Wissen, dass ein Spiegelbild eines Gesichtes im Spiegel nicht wirklich ein Gesicht ist, nehmen Sie immer noch fälschlicherweise an, dass das Spiegelbild inhärent existent ist. Wenn das Wissen, dass das Spiegelbild eines Gesichtes leer davon ist, ein Gesicht zu sein, mit wirklicher Erkenntnis der Leerheit gleichzusetzen wäre, dann müssten Sie, sobald Sie Ihren Geist auf irgendein anderes Objekt lenkten, zum Beispiel Ihren Arm oder Ihren Körper oder Ihre Wohnung, auch sofort dessen Leerheit von inhärenter Existenz erkennen. Doch das ist nicht der Fall. Nochmals, es ist nicht so, dass Sie und andere Menschen Täu-schungen sind, vielmehr erscheinen Sie und die anderen wie Täuschungen. Sich selbst und andere Phänomene wie Täu-schungen wahrnehmen zu können, hat zwei Voraussetzungen: erstens die falsche Erscheinung von sich selbst oder anderen Objekten als inhärent existent und zweitens ein Verständnis davon, dass Sie selbst oder was immer Sie betrachten, nicht auf diese Weise existieren. In der Meditation machen Sie die

Erfahrung, dass Sie nach dieser unabhängigen Eigenschaft von Phänomenen gesucht, diese aber nicht gefunden haben, auch wenn nach Ihren Meditationen die Phänomene immer noch auf ebensolche Weise als inhärent existent erscheinen. Ihr vorangegangenes Verständnis öffnet nun das Tor zur Erkenntnis, dass diese Phänomene illusorisch sind in dem Sinne, dass sie als inhärent existent erscheinen, sie aber in Wirklichkeit nicht inhärent existieren. So sagte Buddha: „Alle Dinge haben die Eigenschaft von etwas Unrichtigem und Täuschendem." Es gibt vielerlei Diskrepanzen zwischen der Art und Weise, wie die Dinge erscheinen, und der Art und Weise, wie sie in Wirklichkeit sind. Etwas, das vergänglich ist, kann als unvergänglich erscheinen. Und manchmal erscheinen uns die Ursachen für Schmerzen (wenn wir beispielsweise zu viel essen) zunächst als Ursachen eines Vergnügens, sind es aber letzten Endes nicht. Etwas, das schließlich zu Leiden führt, wird nicht als das gesehen, was es in Wirklichkeit ist, sondern wird fälschlicherweise als ein Weg betrachtet, der zum Glück führt. Obwohl wir uns Glück wünschen, wissen wir aufgrund unserer Unwissenheit nicht, wie wir dieses Glück erreichen können. Obwohl wir vom Leiden frei sein möchten, arbeiten wir genau daran, die Ursachen für das Leiden zustande zu bringen, da wir ein falsches Verständnis davon haben, was Leiden hervorbringt. Die Augen derer, die sich eine Zaubervorstellung ansehen, werden durch die Täuschungen des Zauberkünstlers beeinflusst, und aufgrund dieser Täuschungen glauben die Zuschauer, Pferde, Elefanten und so weiter zu sehen. Indem wir den Erscheinungen von inhärenter Existenz zustimmen, übertreiben wir auf ähnliche Weise den Status von guten und schlechten Phänomenen und werden dadurch in Begierde und Hass hineingezogen und in Handlungen, die Karma verursachen. Was ein nicht inhärent existentes „Ich" ist, erscheint uns als inhärent existentes

„Ich", und wir nehmen diese Erscheinung als gegeben an. Wie uns diese Sichtweise hilft, Menschen und Dinge wie Täuschungen zu betrachten, hilft sie uns auch, ungünstige Emotionen zu verringern, da Begierde, Hass und alle anderen leidbringenden Emotionen daraus entstehen, dass wir Phänomene jenseits dessen, was diese Phänomene in Wirklichkeit sind, mit Qualitäten wie „gut" und „schlecht" überlagern. Wenn wir uns beispielsweise über jemanden sehr ärgern, dann haben wir ein starkes Gespür für die Schlechtigkeit dieses Menschen. Wenn wir uns später beruhigt haben und dann denselben Menschen betrachten, dann kann es sein, dass wir unsere eigene frühere Wahrnehmung lächerlich finden. Der klare Vorteil von Einsicht ist der, dass sie uns davon abhält, Objekten jenseits dessen, was diese Objekte in Wirklichkeit sind, eine Gutheit und Schlechtigkeit zuzuschreiben. Durch diese Schwächung von Selbsttäuschung wird es uns möglich, Begierde und Hass zu verringern und schließlich ganz aufzugeben, da diese leidbringenden Emotionen auf unrealistischen Übertreibungen aufbauen. Dieses Auflösen von ungesunden Emotionen wiederum schafft mehr Raum für gesunde Emotionen und heilsame Einstellungen. Indem wir die Phänomene mit Einsicht betrachten, holen wir sie in den Bereich unserer Übung der Leerheit hinein. Wenn Sie sich darin üben, Liebe und Mitgefühl auszudehnen, dann sollten Sie sich daran erinnern, dass auch Liebe und Mitgefühl und auch die Menschen, die das Objekt Ihrer Liebe und Ihres Mitgefühls sind, wie die Täuschungen eines Zauberkünstlers sind. Sie erscheinen Ihnen nämlich so dinglich und konkret, als ob sie in und aus sich selbst heraus bestünden, was aber nicht der Fall ist. Wenn Sie Liebe, Mitgefühl und die anderen Menschen als inhärent existent betrachten, dann wird diese Sichtweise Sie davon abhalten, Liebe und Mitgefühl in vollem Ausmaß zu entwickeln. Vielmehr sollten Sie sie wie Täuschungen betrachten, die auf eine Weise erscheinen, in Wirklichkeit aber auf andere Weise existieren. Diese Sichtweise wird sowohl Ihre Erkenntnis der Leerheit als auch Ihre Liebe und Ihr Mitgefühl vertiefen, so dass Sie sich in diesem Verständnis wirkungsvoll mitfühlenden Handlungen widmen können. ❦

DEN TOD VER-
GEGENWÄRTIGEN

DIE SCHULUNG DES Geistes soll nicht nur in diesem Leben von Nutzen zu sein, sondern auch Frieden und Glück für die Leben nach dem Tod bewirken. Unsere Neigung zu glauben, dass wir sehr lange leben würden, stellt dabei ein Hindernis für unsere Praxis dar. Wir sind mit jemand vergleichbar, der beschlossen hat, sich dauerhaft an einem bestimmten Ort niederzulassen. Ein solcher Mensch geht ganz natürlich weltlichen Angelegenheiten nach, häuft Reichtümer an, plant und baut Gebäude, pflanzt Früchte an und so weiter. Dagegen ist jemand, der sich mehr um seine zukünftigen Leben sorgt, mit einer Person vergleichbar, die verreisen möchte. Ein Reisender trifft Vorbereitungen, um auf alle Eventualitäten vorbereitet zu sein und erfolgreich das Ziel zu erreichen. Ein Ergebnis der Meditation über den Tod ist, dass ein Übender weniger auf die Angelegenheiten dieses Lebens fixiert ist – Name und Ansehen, Besitz und sozialen Status. Während der eine damit zu tun hat, mit den Anforderungen und Problemen in diesem Leben zurechtzukommen, kann jemand, der über den Tod meditiert, die Energie entwickeln, die Frieden und Freude in den zukünftigen Leben bewirkt.

Ein Bewusstsein für den Tod lässt sich sowohl durch formale als auch durch analytische Meditation entwickeln. Zunächst muss man den unausweichlichen Tod auf intellektuelle Weise verstehen. Es handelt sich dabei nicht um irgendeinen obskuren theoretischen Gegenstand, sondern um eine offensichtliche und beobachtbare Tatsache. Nach Schätzungen ist unser Planet fünf Milliarden Jahre alt, und die menschliche Rasse existiert seit 100 000 Jahren. Gab es während dieses langen Zeitraums ein menschliches Wesen, das nicht sterben musste? Der Tod ist absolut unvermeidbar, gleichgültig, wo Sie leben, ob Sie sich in den Tiefen des Ozeans verstecken oder ins All fliegen. Es spielt keine Rolle, wo Sie sich befinden; Sie müssen sterben. [...]

Ein Bewusstsein für den Tod zu entwickeln, ist von Vorteil, da es uns hilft, unserem Leben einen Sinn zu Beben. Sie werden dauerhaften Frieden und dauerhaftes Glück als wichtiger ansehen als kurzfristige Vergnügungen und Annehmlichkeiten. Sich an den Tod zu erinnern, ist wie mit einem Hammer alle negativen Neigungen und störenden Emotionen zu zerschlagen.

Um ein Bewusstsein für den Tod zu entwickeln, ist es zunächst wichtig, über seine Unvorhersehbarkeit nachzudenken. Sie kommt in einer bekannten Redewendung zum Ausdruck: „Der Morgen oder das nächste Leben, du weißt niemals, was zuerst kommt." Wir alle wissen, dass der Tod eines Tages eintreten wird. Das Problem besteht jedoch darin, dass wir glauben, er komme irgendwann in der Zukunft. Immerzu sind wir mit den Problemen des Alltags beschäftigt. Darum ist es wichtig, über die Unvorhersehbarkeit des Todes zu meditieren. Die überlieferten Texte erklären, die Lebensspanne der Menschen in dieser Welt sei ungewiss, besonders in diesem verwahrlosten Zeitalter. Der Tod richtet sich nach keiner Regel noch Ordnung. Jeder kann zu jeder Zeit sterben, ob alt oder jung, reich oder arm, krank oder gesund. In Bezug auf den Tod ist nichts selbstverständlich. Kräftige, gesunde Menschen sterben aufgrund unvorhersehbarer Umstände ganz plötzlich, während schwache, bettlägerige Patienten lange Zeit dahinsiechen.

Vergleicht man die Zahl der möglichen Ursachen, die zum Tod führen können, mit der begrenzten Menge an Faktoren, die das Leben erhalten, versteht man, warum der Tod nicht vorhersagbar ist. Wir huldigen diesem Körper, glauben, er sei stark und bestünde eine lange Zeit. Aber die Wirklichkeit spricht eine andere Sprache. Verglichen mit Fels oder Stahl sind unsere Körper schwach und empfindlich. Wir essen, um unsere Gesundheit zu erhalten und am Leben zu bleiben, aber es gibt Umstände, unter denen unsere Nahrung uns sogar krank macht und unseren Tod herbeiführt. Es gibt nichts, das uns ewiges Leben ermöglichen würde.

Wir fürchten den Tod, weil er das Ende des Lebens bedeutet. Noch schlimmer ist, dass nichts von dem, für das wir in diesem Leben arbeiten   Wohlstand, Macht, Ruhm, Freunde oder Familie –, uns dann helfen kann. Selbst wenn Sie überaus mächtig wären und Ihnen eine große Streitmacht zur Verfügung stünde, sobald der Tod zuschlägt, vermag sie Ihnen nicht helfen. Vielleicht sind Sie reich und können sich, wenn sie krank sind, die besten Ärzte leisten, aber wenn der Tod schließlich die Oberhand gewinnt, gibt es keinen Experten, den Sie bezahlen könnten, damit er den Tod abwendet. Sie verlassen die Welt und Ihr Reichtum bleibt zurück. Nicht einen einzigen Cent können Sie mitnehmen. Ihre liebsten Freunde werden zurückbleiben. Sie müssen allein in die nächste Welt eintreten. Einzig und allein die Erfahrungen, die Sie durch Ihre spirituelle Praxis gesammelt haben, können Ihnen helfen.

Der eigene Körper ist für viele von uns ein sehr hohes Gut. Seit dem Augenblick der Geburt ist er in den meisten Fällen unser verlässlicher, standhafter Begleiter gewesen. Vielleicht haben Sie alles Erdenkliche getan, um ihm die beste Pflege angedeihen zu lassen. Sie haben ihm zu essen gegeben, damit er nicht hungrig ist; Sie haben ihm zu trinken gegeben, wenn er durstig war. Sie haben sich ausgeruht, wenn er müde war. Sie haben Vorbereitungen getroffen, um wirklich alles für das Wohlergehen, die Bequemlichkeit und den Schutz Ihres Körpers zu tun. Auf der anderen Seite hat Ihr Körper auch Ihnen gedient. Er war immer bereit, Ihre Wünsche zu erfüllen. Bereits das Funktionieren des Herzens ist eine erstaunliche Tatsache. Es arbeitet unablässig. Es hört tatsächlich niemals auf, gleichgültig, was Sie tun, ob Sie schlafen oder wach sind.

Aber wenn der Tod kommt, gibt Ihr Körper auf. Bewusstsein und Körper trennen sich, und Ihr kostbarer Körper verwandelt sich schlicht in einen schauderhaften Leichnam. Im Angesicht des Todes sind Ihre Reichtümer und Ihr Besitz, Ihre Freunde und Verwandten und sogar Ihr Körper von keinerlei Nutzen. Das Einzige, das Ihnen auf Ihrer Reise ins Ungewisse helfen kann, ist die Tugend, die Sie in den Strom Ihres Bewusstseins eingepflanzt haben. Aus diesem Grund kann Ihnen die spirituelle Praxis dabei helfen, Ihrem Leben Bedeutung zu geben.

Sich den erwachten Geist mühelos in Erinnerung rufen zu können, schenkt unserem Geist Ruhe und Frieden, wenn wir sterben. Entwickeln wir im Augenblick des Sterbens einen tugendhaften Geisteszustand, bewirken wir das Reifen tugendhafter Handlungen und sichern uns damit eine gute Wiedergeburt. Aus der Sicht eines praktizierenden Buddhisten ist daher ein Leben genau dann sinnvoll, wenn man sich mit einem tugendhaften Geisteszustand vertraut macht, der uns schließlich hilft, dem Tod zu begegnen. Ob Ihre Erfahrung während des Sterbens positiv oder negativ sein wird, hängt sehr davon ab, wie Sie während Ihres Lebens praktiziert haben. Was zählt, ist, dass unser alltägliches Leben Sinn haben sollte ... dass unsere Haltung positiv, von Glück erfüllt und warmherzig ist. ☙

VERANTWORTUNGS-
BEWUSSTSEIN

WAS IST MEIN Lebenszweck, was sind meine Verantwortlichkeiten? Ob es mir passt oder nicht – ich lebe auf diesem Planeten, und es ist entschieden besser, etwas für die Menschheit zu tun. Man sieht also, dass Mitgefühl der Same oder die Grundlage ist. Wenn wir das Mitgefühl sorgfältig pflegen, werden wir sehen, dass es die anderen guten menschlichen Eigenschaften hervorbringt. Das Thema Mitgefühl ist durchaus nicht Sache der Religion; man muss sich unbedingt klarmachen, dass es eine menschliche Angelegenheit ist, dass es eine Frage des Überlebens der Menschheit ist, dass es kein Luxus ist, den sich der Mensch leistet. Ich würde beinahe sagen, dass Religion eine Art Luxus ist. Wenn Sie Religion haben, ist dies gut. Es ist aber klar, dass wir auch ohne Religion durchkommen können. Wir können aber nicht ohne diese grundlegenden menschlichen Eigenschaften überleben. Es ist eine Frage unseres eigenen Friedens und unserer geistigen Stabilität.

Befassen wir uns nun mit dem Menschen als einem sozialen Lebewesen. Auch wenn wir andere Menschen nicht mögen, müssen wir miteinander leben. Das Gesetz der Natur fordert, dass selbst Bienen und andere Tiere kooperativ zusammenleben müssen. Ich habe eine besondere Schwäche für Bienen, weil ich Honig mag – er ist wirklich eine Köstlichkeit. Ihr Erzeugnis ist etwas, das wir nicht herstellen können – ist das nicht herrlich? Ich glaube fast, dass ich diese Tiere zu sehr in Anspruch nehme

... Auch diese Insekten haben gewisse Verantwortlichkeiten, sie arbeiten sehr schön zusammen. Sie haben keine Verfassung, kein Gesetz, keine Polizei, nichts, und doch arbeiten sie effektiv zusammen. Dies macht die Natur. Ebenso sind die Teile einer Blume nicht vom Menschen, sondern von der Natur zusammengefügt. Die Kraft der Natur ist etwas Bemerkenswertes. Wir Menschen haben Verfassungen, Gesetze, eine Polizei, wir haben Religion, wir haben so vieles. In der Praxis aber glaube ich, dass uns die kleinen Insekten etwas voraushaben.

Manchmal bringt uns die Zivilisation schöne Fortschritte, doch starren wir zu sehr auf diesen Fortschritt und vernachlässigen oder vergessen unsere grundlegende Natur. Jede Entwicklung der menschlichen Gesellschaft sollte auf dem Fundament der menschlichen Natur aufbauen. Wenn wir dieses Fundament verlassen, haben solche Entwicklungen ihren Sinn verloren. Beim gemeinsamen Handeln, bei der Zusammenarbeit kommt es vor allem auf Verantwortungsbewusstsein an. Dieses kann man allerdings nicht gewaltsam entwickeln, wie es in Osteuropa und in China versucht wurde. Dort wurden ungeheure Anstrengungen unternommen, im Geist eines jeden Menschen Verantwortungsbewusstsein zu erzeugen, ein Interesse an den gemeinsamen statt an den persönlichen Belangen. Die ganze Erziehung, die Ideologie, die Praktiken der Gehirnwäsche sind auf dieses Ziel gerichtet. Aber die Mittel sind abstrakt, und das Verantwortungsbewusstsein kann sich nicht entwickeln. Das wirkliche Verantwortungsbewusstsein entwickelt sich nur durch Mitleid und Altruismus.

Die moderne Wirtschaft kennt keine nationalen Schranken. Wenn wir über Ökologie, über Umwelt sprechen, wenn wir uns um die Ozonschicht Sorgen machen, kann ein Einzelner, eine Gesellschaft, ein Land allein diese Probleme nicht lösen. Wir müssen zusammenarbeiten. Die Menschheit braucht mehr wirkliche Kooperation. Die Grundlage für die Entwicklung guter Beziehungen zu anderen ist Altruismus, Mitgefühl und Nachsicht. Damit kleinere Streitigkeiten begrenzt bleiben, ist im Kreis der Menschen das beste Mittel die Nachsicht. Altruismus und Nachsicht sind die Grundlage dafür, dass die Menschheit zusammenwächst. Dann wird kein Konflikt, wie schwerwiegend er auch sein mag, über die Schranken des wirklich Menschlichen hinausgehen. ∝

VERGÄNGLICHKEIT

MANCHMAL VERMEIDEN sogar Patienten, die an tödlichen Krankheiten wie zum Beispiel Krebs leiden, die Worte „sterben" oder „Tod". Es ist dann unmöglich für mich, mit ihnen über ihren baldigen Tod zu sprechen. Sie sträuben sich dagegen, etwas davon zu hören. Aber für jemanden, der noch nicht einmal dem Wort Tod ins Auge sehen kann, von seiner Wirklichkeit ganz zu schweigen, wird dann das tatsächliche Eintreffen des Todes wahrscheinlich großes Unbehagen und Angst mit sich bringen. Wenn ich auf der anderen Seite einen Praktizierenden treffe, der sich geübt hat und der dem Tod nahe steht, zögere ich nicht zu sagen: „Ob du nun stirbst oder dich wieder erholen wirst, du musst dich auf beides vorbereiten." Es ist für uns beide möglich, über das nahe Bevorstehen des Todes nachzudenken. Es gibt keine Notwendigkeit, irgendetwas zu verbergen, da dieser Mensch vorbereitet ist, dem Tod ohne Bedauern zu begegnen. Ein Übender, der oder die schon früh über die Vergänglichkeit nachdenkt, ist viel mutiger und glücklicher beim Sterben. Das Nachdenken über die Ungewissheit des Todes bringt einen friedvollen, disziplinierten und heilsamen Geist hervor, da er sich mit mehr befasst als nur mit den Oberflächlichkeiten dieses kurzen Lebens. ◌

VERLANGEN

BESTIMMTE FORMEN VON Verlangen sind positiv. Der Wunsch nach Glück zum Beispiel. Das Verlangen nach Frieden oder einer harmonischeren, freundlicheren Welt. Manche Wünsche sind sehr nützlich.

Aber ab einem bestimmten Punkt wird Verlangen unvernünftig, was dann gewöhnlich zu Schwierigkeiten führt. Ich schaue mir beispielsweise gern die vielen schönen Sachen in Supermärkten an. Dann kommt in mir ein Gefühl von Verlangen auf, und mein anfänglicher Impuls ist vielleicht: „Oh, ich möchte dies, ich möchte das!" Aber mein zweiter Gedanke ist: „Brauche ich das wirklich?" Die Antwort lautet meistens: „Nein." Wenn wir dem ersten Verlangen folgen, diesem anfänglichen Impuls, dann wird unser Geldbeutel bald leer sein. Die andere Ebene des Verlangens nach den Grundbedürfnissen an Essen, Kleidung und Unterkunft ist jedoch vernünftiger.

Ob ein Wunsch überzogen oder negativ ist, hängt manchmal von den Umständen oder der Gesellschaft ab, in der wir leben. Wenn man zum Beispiel in einer wohlhabenden Gesellschaft lebt, in der man ein Auto zur Bewältigung des Alltags benötigt, ist natürlich nichts falsch daran, sich ein Fahrzeug zu wünschen. Aber angenommen, Sie leben in einem armen Dorf in Indien, wo man gut ohne Auto auskommt, und Sie wünschen sich dennoch eines, so kann das Probleme aufwerfen, selbst wenn Sie genügend Geld für den Kauf haben. Es kann

Neid unter den Nachbarn und Ähnliches heraufbeschwören. Oder wenn Sie in einer wohlhabenderen Gesellschaft leben und schon ein Auto besitzen, jedoch den Wunsch nach immer neueren Fahrzeugen hegen, können sich die gleichen Probleme einstellen. ଔ

VERLUST

ICH SELBST HABE meinen über alles verehrten Lehrer, meine Mutter und auch einen meiner Brüder verloren. Als sie starben, fühlte ich mich natürlich sehr, sehr traurig. Später dachte ich ständig daran, dass es ja keinen Zweck hat, zu viel zu trauern. Wenn ich diese Menschen wirklich liebte, musste ich ihre Wünsche mit einem ruhigen Geist erfüllen. [...] Ich halte das für die richtige Herangehensweise, wenn wir jemanden, der uns sehr lieb war, verloren haben. Der beste Weg, das Andenken an diesen Menschen zu bewahren, ist nämlich der Versuch, seine Wünsche zu erfüllen. Anfangs sind Kummer- und Angstzustände die natürliche menschliche Reaktion auf einen solchen Verlust. Aber wenn wir solchen Verlust- und Trauergefühlen endlos nachhängen, wird es gefährlich. Halten wir diese Gefühle nicht unter Kontrolle, können sie zu einer Art Egozentrik führen – einer Situation, in der man sich nur noch auf das eigene Selbst konzentriert. Dann wird man von der Verlustempfindung überwältigt und hat das Gefühl, der Einzige zu sein, der so etwas erleidet. [...] Wenn wir daher merken, dass wir uns allzu sehr sorgen, mag es hilfreich sein, an die anderen zu denken, die ähnliche oder sogar noch schlimmere Tragödien durchzustehen haben. Hat man das einmal erkannt, fühlt man sich nicht mehr so isoliert, als wäre man als Einziger herausgepickt worden. Das mag einen gewissen Trost vermitteln. ⊂⊇

VERSCHIEDENE
RELIGIONEN

WÄHREND DER VIELEN vergangenen Jahre, die ich in Indien verbrachte, habe ich zahlreiche Zusammenkünfte mit Religionsführern und Philosophen gehabt. Von wenigen abgesehen, vertraten die meisten von ihnen die Ansicht, dass nach der Annahme einer bestimmten Religion oder dem Eintritt in eine bestimmte Glaubensgemeinschaft der nächste Schritt das intensive Studium ist, gefolgt von der richtigen Anwendung, die sehr wichtig ist. Was das Studium angeht, so sollte man sich nicht mit dem Zitieren einiger Mantras oder Gebete und dem Festhalten am Rosenkranz zufriedengeben. Bei der echten Meditation braucht man keinen Rosenkranz; man betrachtet innerlich Erscheinungen, analysiert sie und denkt tief darüber nach: das ist der richtige Weg. Ist man durch das Meditieren müde geworden, kann man einige Mantras rezitieren. Viele rezitieren Mantras, ohne meditiert zu haben; dies ist nicht nur falsch, sondern vollkommen unzureichend. Die Annahme eines Glaubens verpflichtet einerseits zum ernsthaften und aufrichtigen Umgang mit ihm. Wird man jedoch dabei engstirnig, besteht auf der anderen Seite die Gefahr, sich zu einem Fanatiker zu entwickeln, was nicht sein darf. Man muss seinen Glauben in aufgeklärter Weise leben, sonst besteht die Gefahr, die eigene Religion als die einzig wahre hinzustellen und alle anderen als irrig abzulehnen oder gar zu verteufeln. Ich möchte meine Sicht über die Möglichkeit eines einträchtigen Verhältnisses der Religionen untereinander darlegen. Ich bin Buddhist; und manchmal beschreibe ich mich sogar als einen in meinen Überzeugungen unerschütterlichen, getreuen und sogar streitbaren Buddhisten, weil die buddhistische Philosophie meiner Meinung nach die beste ist und ihre Erläuterungen sehr logisch und einleuchtend sind. So sehr ich also der Auffassung bin, dass für mich der Buddhismus das Beste ist, so sehr vertrete ich auch die Ansicht, dass dies gewiss nicht für jedermann gelten muss. Menschen brauchen Religionen, die ihrem jeweils unterschiedlichen „geistigen Naturell" entgegenkommen. Eine einzige Religion kann nicht jeden zufriedenstellen. Das heißt aber auch umgekehrt, dass für den Einzelnen seine jeweilige Überzeugung sehr wichtig sein sollte und auch von uns zu respektieren ist, dass diese seine Religion mit ihrer Wahrheit, die er für sich geltend macht, für ihn auch die einzig richtige ist. Ohne diese innere Überzeugung kann man keinen echten, wahren Glauben sich entwickeln lassen und ihn entsprechend leben. In Hinblick auf unsere Gemeinschaft, deren gleichrangige Mitglieder wir alle, gerade mit unseren Unterschieden, sind, brauchen wir offensichtlich einen Pluralismus, der mehrere Religionen mit ihren Wahrheiten zulässt; das ist wichtig und für unser Zusammenleben nicht ohne Belang. Mit diesem von uns allen anzuerkennenden und zu akzeptierenden Pluralismus kann man die nicht zu übersehenden Unterschiede und sogar Widersprüche zwischen den Religionen und ihren für sich jeweils in Anspruch genommenen Wahrheiten überwinden. So stehe ich dafür ein, dass auf der Ebene des Individuums jeder Mensch für sich seine eine Religion und Wahrheit haben soll, dass aber in unserem Zusammenleben die Maxime des Pluralismus, das heißt die Gleichwertigkeit verschiedener Religionen nebeneinander, gelten muss. Auf andere Art ist dieses Problem nicht zu lösen. Es ist scheinheilig und unzutreffend zu behaupten, alle Religionen seien gleich. Unterschiedliche Religionen vertreten grundverschiedene Sichtweisen und widersprechen sich oftmals fundamental. Dies ist jedoch insofern ohne weitere Relevanz, als sie alle eine bessere Welt mit glücklichen Menschen schaffen möchten. Durch Interpretation und Auslegung ihrer verschiedenen Inhalte wird deutlich, dass alle Religionen trotz ihrer Unterschiede ein gemeinsames Ziel verfolgen. Nehmen wir zum Beispiel die Idee des Schöpfers und der Selbstschöpfung. Zwischen beiden bestehen große Unterschiede, sie verfolgen aber meiner Meinung nach denselben Zweck. Für einige Menschen hat die Vorstellung eines Schöpfers eine machtvolle Wirkung und motiviert sie, mit konzentrierter Selbstdisziplin gute und liebevolle Menschen zu werden, die der für sie absoluten Wahrheit verpflichtet sind – dem Schöpfer oder Gott. Die andere Idee betrifft die Selbstschöpfung oder Eigenschöpfung: Wenn man ein guter Mensch sein möchte, dann liegt das Erreichen dieses Ziels in der Verantwortung des jeweils Einzelnen (und ist nicht durch einen Schöpfer oder Gott motiviert). Ohne eigene Anstrengung darf man nicht erwarten, dass sich etwas zum Guten entwickelt oder wendet. Die eigene Zukunft hängt ausschließlich von der jeweiligen Person ab: die Zukunft wird gleichsam von dem Einzelnen selbst geschaffen. Diese Auffassung ermutigt den Einzelnen dazu, ein guter und ehrlicher Mensch zu sein. Man kann also sehen, dass die beiden Konzepte sich in ihrem inneren Gehalt zwar unterscheiden, aber dasselbe Ziel haben. ∽

DIE VIER EDLEN
WAHRHEITEN

WIR MENSCHEN SIND so beschaffen, dass wir uns Glück wünschen und Leid vermeiden wollen. Mit diesem Wissen im Hintergrund wollen wir das Wesen der äußeren und inneren Wahrheit beziehungsweise Wirklichkeit untersuchen und verstehen. Unter den verschiedenen philosophischen Systemen und Lehrgebäuden, die wir in der menschlichen Kultur vorfinden, stellt der Buddhismus nur eines dar. Wir haben so viele unterschiedliche Weltanschauungen, dass eine einzelne allein die Menschheit nicht befriedigen kann; deshalb gibt es so viele Arten metaphysischer und spiritueller Erklärungssysteme. Es ist sogar gutzuheißen, dass uns eine Vielzahl von Lehrsystemen für so viele verschiedene Arten von Menschen zur Verfügung steht.

Als jemand, der dem Buddha und seiner Philosophie folgt, habe ich sicherlich etliche Dinge gelernt, aber dennoch habe ich deshalb nicht aufgehört zu lernen und gewinne weiterhin neue Erkenntnisse. Ein Experte bin ich nicht, sondern ein buddhistischer Mönch, der aufrichtig versucht, seinem Glauben im täglichen Leben zu folgen. Wenn ich einem Problem gegenüberstehe, helfen mir die buddhistischen Lehren dabei, mein inneres Gleichgewicht beizubehalten. Zugleich erlauben sie mir einen hohen Grad an intellektueller Flexibilität und geistiger Geradlinigkeit. Wenn ich also gebeten werde, diese Philosophien zu erläutern, dann betrachte ich es als meine Verpflichtung, diesem Wunsch mit Freude nachzukommen.

Das Fundament buddhistischer Philosophie setzt sich aus zwei Leitgedanken zusammen: „Wenn du in diesen Lehrsätzen etwas Sinnvolles und Nützliches für dich findest, dann solltest du dich intensiver mit ihnen beschäftigen und deine daraus neu gewonnenen Erkenntnisse in deinem täglichen Leben anwenden; findest du jedoch nichts dergleichen, dann lass alles so, wie es ist." Den meisten sind die Vier Edlen Wahrheiten geläufig (die Wahrheit des Leidens, des Ursprungs, der Beendigung und des Weges). Sie bilden das Fundament des Buddhismus. Das Ziel jeden Wesens ist Glückseligkeit – dauerndes Glück. Es ist wunderbar und lohnenswert, immerwährendes Glück erlangt zu haben; denn es bedeutet kein Leiden mehr, sondern langwährenden Frieden und tiefe Befriedigung. Oft geschieht es, dass nach einem Moment des Glücks oder der Freude die eine oder andere Art von Problem eintritt. Das heißt also, dass dieses Glück nicht von Dauer ist. Daraus ergibt sich die Bedeutung der Vier Edlen Wahrheiten. Weil wir kein Leid wollen und damit wir es vermeiden können, müssen wir seine Gründe herausfinden und untersuchen. Lassen sich diese Gründe eliminieren? Wenn ja, lohnt es sich, dies auch zu versuchen. Ist dem nicht so, dann hat es keinen Zweck, die Anstrengung überhaupt zu unternehmen. Die *dritte Edle Wahrheit* betrifft das wahre Ende allen Leidens (was wir Nirvana oder Moksha nennen). Sollte es in der Tat möglich sein, die Leiden einzudämmen, dann ist es sinnvoll, Wege und Mittel zu finden, den eigenen Geist zu läutern und die Gründe für Leid zu eliminieren. Darin besteht die *vierte Wahrheit*.

Diese Wahrheit gibt auch Aufschluss über das Gesetz von Ursache und Wirkung und das Wesen der Interdependenz; sie ist die Basis für *shunya,* die Leerheit. Die Shunya-Theorie beruht auf der Vorstellung, dass Dinge gegenseitig bzw. voneinander abhängig, interdependent sind. Jedes Ding hat verschiedene

Aspekte, und bei genauerer Betrachtung stellt man fest, dass alle Dinge und ihre Aspekte aufeinander bezogen sind. Das Wesen der Dinge ist relativ, auf anderes bezogen, und die Leerheit ist ihr absolutes Wesen. Deshalb kann man neue Dinge schaffen, die wiederum sich selbst verändern, da Dinge nicht durch ganz bestimmte, sondern durch viele andere, sich immer neu zusammenstellende Faktoren bedingt sind. Wären Dinge absolut und würden sie nur durch sich und für sich existieren, gäbe es keine Möglichkeit, neue Erfahrungen zu machen oder neue Ziele zu setzen und zu erreichen. Wenn die Existenz der Dinge absolut wäre, könnte man durch keinerlei Mittel irgendwelche Veränderungen bewirken. Darin [in dieser Unterscheidung] besteht das Wesen der Zwei Wahrheiten. ⟨⟩

WECHSELSEITIGE
ABHÄNGIGKEIT

EIN KERN BUDDHISTISCHER Lebensphilosophie und des davon abgeleiteten Verhaltens besteht in dem Grundsatz gegenseitiger Abhängigkeit. [...] Das Prinzip der Interdependenz wird je nach unterschiedlichen philosophischen Grundsätzen verschieden interpretiert. Einer dieser Grundsätze besagt, Interdependenz bedeute, dass alle konkreten Erscheinungen durch Ursachen bedingt sind. Daraus lässt sich folgern, dass es keinen Schöpfer gibt. Dinge hängen von ihren eigenen Ursachen ab, wobei diese Ursachen wiederum ihre eigenen anderen Ursachen haben, ohne dass es dafür einen gesonderten Anfang gibt. Alles verändert sich aufgrund dieser Ursachen und Bedingungen. Neue Umstände rufen neue Ereignisse hervor; und diese wirken erneut als Ursache und bewirken etwas anderes und Neues. Dies ist der „Prozess des Entstehens im Gefüge von Abhängigkeiten", was auf Sanskrit *pratityasamutpada* heißt. Die Vorstellung der Interdependenz wird von allen buddhistischen Schulen geteilt, wobei die Interdependenztheorie in der *Madhyamika*-Philosophie die gegenseitige Abhängigkeit aller Elemente oder Teile in Gegenständen und Phänomenen betont. Zum Beispiel hat ein Objekt verschiedene Teile in dem Sinne, dass es in seiner äußeren Gestalt verschieden ausgerichtet ist: Es kann zum Beispiel eine Kugel oder ein Kubus sein. Wenn es ohne Gestalt ist – wie das Bewusstsein –, dann bedeutet Teile zu haben, dass es unterschiedliche Ebenen von Kontinuität, Prozess oder Veränderung aufweist. In ähnlicher Weise kann der Raum als ein „Objekt" betrachtet werden, das seinen Ursprung in verschiedenen gegenseitigen Abhängigkeitsrelationen hat beziehungsweise sich aus seinen unterschiedlichen Bezügen zu anderen Gegenständen heraus konstituiert; und wir können uns einen bestimmten begrenzten Raum denken, der sich durch Bezüge zu bestimmten Gegenständen und Ausrichtungen auszeichnet („der Raum, der sich von hier, diesem Gegenstand, nach dort zu jenem Punkt ausstreckt"). Der Ursprung der Dinge aufgrund gegenseitiger Beziehungen ist also nicht nur als Prinzip von Ursache und Wirkung zu sehen, sondern auch auf der Ebene der gegenseitigen Relationen der Teile untereinander. Eine noch weiter differenzierte Betrachtungsweise von dem, was wir unter Abhängigkeitsbeziehungen der Dinge untereinander verstehen können, wird mit der Bezeichnung „das Entstehen der Dinge durch Bezeichnung und Zuschreibung" umrissen. Wenn wir zum Beispiel herausfinden wollen, woraus eine Blume tatsächlich besteht, und sie sehr detailliert in ihre Komponenten zergliedern, hört die Blume auf, die Blume zu sein, wie wir sie normalerweise kennen. Durch eine weitergehende Analyse der kleinsten Bestandteile wird uns – wenn auch vielleicht erst im Nachhinein – klar, dass, wenn wir etwas mit einer Bezeichnung versehen, diese Bezeichnung nicht willkürlich geschieht, sondern aufgrund der Konvergenz bestimmter Einzelteile oder Substanzen, das heißt, wir erkennen, dass die Elemente in einer ganz bestimmten Hinsicht zugeordnet sind, sich aufeinander beziehen oder gegenseitig beeinflussen. Diese einzelnen Teile treten gleichsam zusammen, um gemeinsam als eine Einheit zu funktionieren, der wir dann einen besonderen Namen geben. Wenn wir erforschen wollen „Wer bin ich?", werden wir sicherlich kein von diesem bestimmten Körper, diesem Hirn und Geist, diesen

Erfahrungen losgelöstes Ich finden. Dringt man in den Untersuchungen weiter vor, um zum letzten Wesenskern des Ich zu gelangen, findet man gewiss keine unabhängige Identität des Ich. Im Allgemeinen geben wir der Kombination von Körper und Geist eine Bezeichnung und sagen: „Dies ist ein Mensch oder ein menschliches Wesen". Dieses tibetische Fleisch zusammen mit einem Geist von Amdo nennen wir „Dalai Lama, Tenzin Gyatso". Wenn, nach unzähligen zergliedernden Analysen, wir jedoch endlich auf den Dalai Lama treffen wollen, können wir ihn nicht finden. ❧

WEISHEIT

JE MEHR SICH Ihre altruistische Einstellung zu den anderen Wesen verstärkt, umso mehr wächst Ihnen Mut zu. Je mutiger Sie sind, desto weniger sind Sie geneigt, sich abschrecken zu lassen und die Hoffnung zu verlieren. Mitgefühl ist also eine Quelle innerer Kraft. Mit zunehmender innerer Kraft wird es möglich, feste Entschlossenheit zu entwickeln. Dadurch steigt die Aussicht auf Erfolg ungeachtet aller Hindernisse. Wenn Sie nämlich voller Zögern, Angst und mangelndem Selbstvertrauen sind, wird Ihre Einstellung immer pessimistischer werden, und dies halte ich für den wirklichen Keim des Versagens. Mit einer pessimistischen Einstellung schlägt sogar etwas, das Ihnen leicht gelingen könnte, fehl. Wenn Sie jedoch in schwierigen Angelegenheiten eine unerschütterliche Entschlossenheit beweisen, ist am Ende die Möglichkeit des Gelingens gegeben. Aus diesem Grund ist Mitgefühl auch in einem ganz konventionellen Sinn für zukünftigen Erfolg förderlich. [...] Der Grad Ihrer Einsicht in die Natur der Wirklichkeit bestimmt den Grad Ihres Mitgefühls. Für den Buddhismus ist es entscheidend, Mitgefühl mit Weisheit zu paaren. Mitgefühl ist wie eine sehr aufrichtige Person und Weisheit wie eine sehr fähige; wenn beide zusammenkommen, ist das Resultat besonders effizient ❧.

WESEN
DES GEISTES

DER INNERSTE, SUBTILE Geist ist immer anwesend. Obwohl er sich jeden Augenblick immer erneut ändern kann, bleibt er beständig und ewig bestehen. Es gibt also zwei Ebenen des Geistes: die eine, „gröbere", vordergründige ist völlig mit dem Körperlichen verbunden, wohingegen der subtilste Geist immerwährend ist. Auf dieser Grundlage findet die Wiedergeburt statt.

Das Wesen des Geistes ist letztendlich neutral. Es kann durch positive wie auch negative Emotionen beeinflusst werden. Nehmen wir als Beispiel Menschen mit aufbrausendem oder cholerischem Temperament. In meinen jungen Jahren konnte ich schnell jähzornig werden, doch hielt diese Stimmung nie länger als vierundzwanzig Stunden an. Wenn negative Emotionen der Wesenskern unseres Geistes sind, dann bleibt der Zorn zwangsläufig so lange bestehen, wie auch Funktion und Tätigkeit des Geistes andauern, heißt es. Dies muss jedoch nicht immer so bleiben. Genauso wenig sind positive Gedanken wesentlicher Teil des Geistes. Der Geist ist etwas Neutrales und spiegelt alle Arten unterschiedlicher Erfahrungen und Erscheinungen.

Es fragt sich darüber hinaus, wo eigentlich die Trennungslinie zwischen positiven und negativen Gedanken zu ziehen ist. Es gibt keine absolute, sondern nur eine relative Trennung. Die Emotionen wie Mitgefühl, Liebe und Weisheit, die ein Glück bewirken, das Zufriedenheit schenkt, beständig und dauerhaft ist, sind positiv. Diese Gefühle erachten wir deshalb als positiv, weil wir das dadurch geschaffene Glück als etwas Positives ansehen, das es auf alle Fälle zu erreichen gilt. Alles, was uns in dieser Hinsicht unterstützt, ist für uns positiv. Die positiven Gefühle werden uns schließlich in glücklichere Menschen umwandeln, die für ihre Mitmenschen zuverlässig und vertrauenswürdig sind. Man muss aber weiterhin beachten, dass wir die Gefühle zwar als positiv erachten, sie jedoch nicht als solche unmittelbar und absolut identifizieren können. Alle schätzen diese Gefühle aufgrund ihrer positiven Wirkung, und deshalb sind sie für uns positiv.

Obwohl positive und negative Gefühle beide gleich mächtig sind, treten die negativen Gefühle gewöhnlich ohne bestimmten Grund auf und sind daher auch einfach nur Gefühle. Wenn wir objektiv Sinn und Zweck von Zorn, Hass, Eifersucht, Zweifel, Argwohn oder Furcht untersuchen, erkennen wir, dass diese Gefühlsmomente jeder tieferen Grundlage entbehren. Umgekehrt sind Liebe, Mitgefühl und Vergeben tief begründet und haben eine sinnvolle Basis. Von einem buddhistischen Standpunkt her gesehen [...], sind die negativen Gefühle durch Unwissenheit oder Naivität bedingt.

Unwissenheit bezeichnet ein Bewusstsein, das die Gegenstände in ihrem Wesen so auffasst, als ob sie unabhängig nur auf sich selbst bezogen existierten. Es ist offensichtlich, dass, wenn sich bestimmte negative Gefühle entwickeln, der Gegenstand, auf den sich unsere negativen Gefühle richten, selbst als etwas absolut Negatives erscheint. Solange dieses negative Gefühl besteht, so lange ist auch der (so empfundene) Gegenstand absolut negativ. Sobald sich das negative Gefühl abschwächt, wird auch unser Eindruck von der Welt beziehungsweise unsere Sicht auf diese insgesamt positiver. Dies zeigt, dass negative

Emotionen nur aufgrund von Unwissenheit entstehen können, was übrigens für alle negativen Gefühle schlechthin gilt.

Diese Unwissenheit oder falsche Vorstellung von Wirklichkeit kann, so mächtig sie auch sein mag, beseitigt werden. Durch genauere Betrachtungen und Meditationen können wir ein tieferes Verständnis entwickeln. Als Folge davon wird das Negative begrenzt und schließlich völlig aufgelöst. Dass wir dies herbeiführen können, ist ein weiteres Merkmal unseres Geistes.

Uns allen wohnt ein tiefer Wunsch nach Glück inne. Glück und Unglück hängen eng mit positiven und negativen Gefühlen zusammen. Das grundlegende Wesen unseres Geistes ist völlig rein, wodurch zugleich die Möglichkeit gegeben ist, die negativen Gefühle zu überwinden, die positiven dagegen zu fördern und daher in einem weiteren Schritt das Leiden aufzulösen. Buddha führte dies in seiner Zweiten Edlen Wahrheit näher aus. Darin erklärte er, worin Karma und negative Gefühle bestehen, die wahren Gründe für das Leiden, wobei dieses Leiden als „verunreinigtes" Karma oder „verdorbener" Geist dargestellt wird. Um die Zweite Edle Wahrheit wirklich begreifen zu können, muss man erfasst haben, was das Ende des Leidens tatsächlich bedeutet, das in der Dritten Edlen Wahrheit zum Ausdruck kommt.

Buddhas erste Rede stellt die Vier Edlen Wahrheiten vor, in der zweiten geht er näher auf die Dritte Edle Wahrheit ein. In seiner dritten Rede gibt er eine tiefgehende Darstellung der Natur des Geistes in Zusammenhang mit der Vierten Edlen Wahrheit, wo es um beides, die Überwindung negativer Emotionen und das Erreichen dauerhaften Glücks, geht: *nirvana.*

Erst wenn man das Ziel erkannt hat, ist man auch in der Lage, durch Üben des Geistes negative Gefühle auszuschalten. Damit unsere Bemühungen nicht nachlassen oder ermüden, brauchen wir Entschlossenheit, die wiederum leichter fällt, wenn wir erst einmal – und das ist außerordentlich wichtig – begriffen haben, was Leiden bedeutet. Gibt es eine Möglichkeit, das Leiden zu überwinden, und steht uns das Ziel klar vor Augen, dann ist es wichtig, tief nachzudenken und das Leiden zu verstehen. Je mehr wir erkennen, umso eher werden wir zu einer aufrichtigen Entschlossenheit gelangen, die uns dieses Leiden überwinden hilft.

Aus diesem Grund wurde auch die Bedeutung der Entsagung betont. Es gibt zwei Ebenen bei der Geisteshaltung der Entsagung: die Entsagung in Bezug auf die Genüsse in diesem Leben und die Entsagung in Bezug auf die kommenden nächsten Leben. Wenn wir uns zum Beispiel die Leiden der sechs samsarischen Bereiche vergegenwärtigen und sie in ihrer ganzen Dimension bedenken – das Leiden der Menschen, der Tiere und so fort, und ebenso das Leiden des Alters, der Krankheit, des Todes und so weiter –, fällt es uns leichter, Entsagung üben oder uns vom Kreislauf von Existenz und *samsara* befreien zu wollen. ☙

WIDERSTAND

SELBST WENN SIE ein demütiger, aufrichtiger und zufriedener Mensch sind, kann es vorkommen, dass einige Ihrer Freunde, Nachbarn, Mitarbeiter oder Rivalen Sie ausnutzen werden. Es wäre nicht vernünftig, dies einfach geschehen zu lassen. In solch einer Situation müssen Sie als Erstes deutlich erkennen, dass die andere Person ein Mensch ist und somit ein Recht darauf hat, glücklich zu sein. Mit Respekt und Mitgefühl für diesen Menschen können Sie dann entsprechend den von ihm oder von ihr geschaffenen Umständen handeln. Das bedeutet, dass man nachdrücklich reagiert, falls das notwendig sein sollte, aber ohne jemals die mitfühlende Einstellung zu verlieren. Mitgefühl ist wirklich der einzige Weg, ein derartiges Problem zu lösen, da Ärger und Gereiztheit lediglich wirksames Handeln behindern und die Sache nur noch schlimmer machen würden. Am Anfang wird es schwierig sein, Mitgefühl gegenüber jemandem aufrechtzuerhalten, der oder die Sie bedroht oder verletzt. Doch wenn Sie es immer wieder versuchen, dann werden Sie den Weg finden, wie Sie so nachdrücklich reagieren können, wie es die Umstände verlangen, aber ohne eine von Liebe erfüllte Einstellung zu verlieren. Das ist genau wie in der Beziehung zwischen liebenden, gütigen Eltern und ihrem Kind. [...] Das ist die beste Art, mit dem Problem umzugehen. ๛

ZORN

ZORN KANN NICHT durch Zorn überwunden werden. Wenn Ihnen ein Mensch mit Zorn gegenübertritt und Sie mit Zorn reagieren, sind die Folgen verheerend. Wenn Sie aber Ihren Zorn beherrschen und eine gegenteilige Haltung einnehmen – Mitleiden, Toleranz und Geduld –, dann erhalten Sie sich nicht nur den eigenen Frieden, sondern wird auch der Zorn des anderen allmählich abnehmen. Auch die Weltprobleme kann man nicht mit Zorn oder Hass angehen. Man muss ihnen mit Mitgefühl, Liebe und wahrer Güte gegenübertreten. Sehen Sie sich all die schrecklichen Waffen an, die es gibt. Und doch können die Waffen selbst keinen Krieg anzetteln. Der Knopf, der ihn auslöst, liegt unter einem menschlichen Finger, der durch Gedanken, nicht durch seine eigene Kraft bewegt wird. Die Verantwortung liegt in unserem eigenen Denken. Wenn man solchen Dingen auf den Grund geht, findet man das Handlungsmotiv im Inneren, im Geist. Deshalb ist es sehr wichtig, zunächst den Geist zu kontrollieren. Ich meine hier nicht die Kontrolle des Geistes im Sinne tiefer Meditation, sondern einfach die Zurückdrängung des Zorns, eine größere Hochachtung vor den Rechten anderer, mehr Verständnis für andere Menschen, eine größere Bewusstheit für die Gleichheit aller Menschen! Schließlich möchten wir alle glücklich sein, und niemand wird bestreiten, dass Zorn Frieden unmöglich macht. Mit Güte und Liebe können wir die Ruhe des Geistes erlangen. Niemand möchte Zorn, niemand möchte geistige Unruhe, und doch tritt beides durch Unkenntnis auf. Schlechte Haltungen wie zum Beispiel Niedergeschlagenheit entstehen durch die Macht der Unkenntnis, nicht aus sich selbst. Durch Zorn verlieren wir eine der besten menschlichen Fähigkeiten – die Urteilskraft. Wir haben ein gutes Gehirn, das anderen Säugetieren fehlt und das uns ein Urteil darüber erlaubt, was Recht und Unrecht ist, und zwar nicht nur aus heutiger Sicht, sondern auch unter Berücksichtigung der nächsten zehn, zwanzig oder auch hundert Jahre. Ohne Hellsichtigkeit können wir mit unserem normalen Menschenverstand beurteilen, ob eine Methode richtig oder falsch ist; wir können beurteilen, ob dieses oder jenes Handeln zu diesem oder jenem Ergebnis führen wird. Wenn aber unser Geist von Zorn ergriffen ist, verlieren wir unsere Urteilskraft, und wenn sie verloren ist, ist dies sehr traurig. Körperlich ist man ein Mensch, aber geistig ist man unvollständig. Da wir nun einmal diese physische Menschengestalt haben, müssen wir unsere geistige Fähigkeit des Urteilens wahren. Hierüber können wir keine Versicherung abschließen, die Versicherungsgesellschaft ist im Inneren: Selbstzucht, Selbstbewusstsein und eine klare Erkenntnis der negativen Folgen des Zorns und der positiven Wirkungen der Güte. Wenn wir uns dies immer wieder klarmachen, wird es uns schließlich einleuchten, und dann können wir mit Hilfe der Selbsterkenntnis den Geist kontrollieren. Man kann zum Beispiel gegenwärtig ein Mensch sein, der sich schnell und leicht über Kleinigkeiten aufregt. Mit klarem Verstand und klarer Bewusstheit kann man dies unter Kontrolle bringen. Wenn Sie zum Beispiel normalerweise zehn Minuten lang wütend sind, versuchen Sie, dies auf acht Minuten zu verringern. Reduzieren sie es nächste Woche auf fünf Minuten, im nächsten Monat auf zwei. Dann verkürzen sie es auf null Minuten. So schult und entwickelt man seinen

Geist. So empfinde ich es, und so übe ich auch selbst. Es ist klar, dass jeder den Frieden des Geistes braucht. Die Frage ist nur, wie man ihn erlangt. Durch Zorn ist dies nicht möglich; durch Güte, durch Liebe, durch Mitgefühl können wir aber unseren individuellen Geistesfrieden erlangen. Das Ergebnis wird eine friedliche Familie sein – Glück zwischen Eltern und Kindern, weniger Streit zwischen Mann und Frau, keine Rede mehr von Scheidung. Auf die nationale Ebene erweitert, kann diese Haltung Einheit, Harmonie und Zusammenarbeit aus echter Motivation hervorbringen. Auf der internationalen Ebene brauchen wir gegenseitiges Vertrauen, gegenseitige Hochachtung, offene und freundschaftliche Diskussion aus aufrechter Motivation und gemeinsame Anstrengungen, weltweite Probleme zu lösen. All dies ist möglich. ☙

ZUFLUCHT
NEHMEN

WIR KÖNNTEN DIE „Annahme der Zuflucht" als einen formalen Akt betrachten, durch den man zum Buddhisten wird. Dieser Akt wird von allen Strömungen des Buddhismus anerkannt. Ein Buddhist, ob Frau oder Mann, ist jemand, der Zuflucht genommen hat zu den Drei Kostbarkeiten: *buddha, dharma* und *sangha*. Zuflucht nehmen zu *buddha* bedeutet, das eigene Vertrauen nicht nur in die Lehre des Buddha *Shakyamuni* zu setzen, sondern auch in jene des geistigen Meisters, der ihn verkörpert. Wenn ein Schüler sich vor einer Buddha-Statue verbeugt, dann erweist er nicht der Figur und dem Werk des historischen Buddha seine Ehrerbietung, sondern auch dem „Prinzip" des Meisters, und durch diese Ehrerbietung verbeugt er sich auch vor allen Meistern, die im Laufe der Jahrhunderte die buddhistische Lehre vermittelt und bewahrt haben. Für einen praktizierenden Buddhisten ist der Buddha ein Lebewesen, das sich vollständig von jeglicher Illusion, von jeglichem Verhaftetsein und jeglicher Unwissenheit befreit hat. Derjenige, der die Erleuchtung erreicht hat, hat die endgültige Weisheit errungen, und durch die Einsicht in die wahre Realität der Phänomene hat er jedwede Finsternis aus seinem Geist beseitigt. ⌘

Aber warum verwendet man den Ausdruck „Zuflucht nehmen"?

In diesem Zusammenhang bedeutet „Zuflucht nehmen", dass man die Gültigkeit der buddhistischen Lehre anerkennt und sich ihr anvertraut, um die eigene Erlösung zu erringen. Man glaubt also, die innere Güte der Lehre des Erleuchteten könne dem Übenden helfen und ihn auf seinem langen Erlösungsweg schützen und führen, ein Weg, der nicht immer einfach zu beschreiten ist. Aber kommen wir zurück zum Begriff der „Zuflucht". Nach Buddha nimmt man Zuflucht zum *dharma,* der geistigen Lehre. Unter *dharma* versteht man sowohl die historische Lehre des Buddha *Shakyamuni* als auch das Gesetz der Lehre. In gewisser Weise könnten wir auch sagen, der *dharma* resultiere aus der Erleuchtung. Denn Buddha hat seine Einsichten, die er durch die Erleuchtung gewonnen hat, nicht für sich behalten; es war vielmehr sein Wille, sie mit der gesamten Menschheit zu teilen. Und dann nimmt man noch Zuflucht zum *sangha,* der Gemeinschaft der Anhänger Buddhas, einer Gemeinschaft, die sich aus Mönchen, Nonnen und praktizierenden Laien zusammensetzt. Wenn man zu dem Drei Kostbarkeiten *buddha, dharma* und *sangha* Zuflucht nimmt, reinigt man sich von dem negativen Charakter seiner vergangenen Handlungen, die man in dem gegenwärtigen oder in anderen Leben begangen hat, und das Streben nach innerer Verwandlung, nach Erreichung der Erleuchtung ist beträchtlich erhöht.

Und wie nimmt man Zuflucht?

Man nimmt Zuflucht im Laufe einer dafür vorgesehenen Zeremonie, in der ein Meister durch eine Reihe von Ritualen den Schüler in die Gemeinschaft der Übenden aufnimmt. Nachdem er ihm symbolisch ein Büschel Haare abgeschnitten hat, verleiht er ihm einen neuen Namen. Diese Handlungen markieren auch nach außen die Verwandlung der Person, die sich dafür entschieden hat, zu den Drei Kostbarkeiten Zuflucht zu nehmen. ∞

GLOSSAR

Achtfacher Pfad: Die vierte der *Vier Edlen Wahrheiten.* Die acht Glieder des Achtfachen Pfads verstehen sich als Anleitung für den Weg zur Befreiung, das heißt als der Weg, der zum Erlöschen des Leidens führt. Der achtfache Pfad umfasst 1. rechte Einsicht, 2. rechte Absicht, 3. rechte Rede, 4. rechtes Tun oder Handeln, 5. rechten Lebenserwerb, 6. rechte Anstrengung oder Bemühung, 7. rechte Achtsamkeit, 8. rechte Konzentration. Die acht Glieder sind nicht als Etappen auf dem Weg zur Erlösung zu verstehen, sondern unter sich verschränkt

Acht weltliche Prinzipien: Die acht weltlichen Prinzipien sind: 1./2. das Hoffen auf Gewinn und die Angst vor Verlust, 3./4. das Verlangen nach Lob und die Scheu vor Tadel, 5./6. der Wunsch nach Glück und die Angst vor Schmerz/Leid, 7./8. der Wunsch nach Ruhm und die Angst vor Schande

Alleinverwirklicher: pratyekabuddha („Einzel-Erwachter"), ein zum Buddha Erwachter, der andere jedoch nicht das *dharma* lehrt

atman: „Lebenshauch", „Atem", in der indischen Philosophie die vom Buddha abgelehnte Vorstellung einer ewig existierenden autonomen Geistseele

Bar-do: „Befreiung durch Hören im Zwischenzustand", das sogenannte „Tibetische Totenbuch", buddhistische Schrift aus dem 8. Jahrhundert vom Begründer des tibetischen Buddhismus *bodhicitta:* „Erleuchtungsgeist", der Wunsch, um des Wohls aller Lebewesen willen Erleuchtung zu erlangen

bodhisattva: „Erleuchtungswesen", Persönlichkeit auf dem Weg zur Buddhaschaft, die den „Erleuchtungsgeist" *(bodhicitta)* in sich wachgerufen und das Gelübde abgelegt hat, um der Erlösung aller Wesen willen Erleuchtung zu erlangen

buddha-dharma: die von Buddha angestoßene Lehre

Chandrakirti: buddhistischer Gelehrter und Meister, Indien, 7. Jahrhundert

dharma: siehe *Drei Kostbarkeiten*

Drei Kostbarkeiten (auch Drei Juwelen): die drei „Säulen" des Buddhismus: der *buddha, dharma* (die Lehre), *sangha* (die Gemeinschaft)

guru: spiritueller Meister

lama: spiritueller Meister im tibetischen Buddhismus

Mittlerer Weg, madhyamika: die höchste philosophische Anschauung des Mahayana-Buddhismus. Die Bezeichnung ergibt sich daraus, dass dieser Weg in kein Extrem verfällt, weder in das des Nihilismus noch in das des Glaubens an eine wirkliche Existenz der Phänomene

Nagarjuna: großer buddhistischer Lehrer, 2. Jahrhundert, Indien; zentrales Motiv seiner Lehre ist die „Leerheit" *(shunya)*, Begründer der Philosophie des *Mittleren Weges*

nirvana: wörtlich „verlöschen", der Zustand jenseits des Leidens. Ein *bodhisattva* trachtet danach, das *nirvana* nicht nur für sich selbst, sondern auch für alle anderen Wesen zu verwirklichen.

samsara: „beständiges Wandern", Kreislauf der Wiedergeburten

sangha: siehe *Drei Kostbarkeiten*

(Buddha) Shakyamuni: „der Weise aus dem Volk der Shakya", Beiname des „historischen" Buddha Gautama Siddharta (gestorben im 6. Jahrhundert v. Chr.)

shamatha (auch: samatha): „ruhiges Verweilen", grundlegende buddhistische Meditationstechnik, Konzentrationsübung

Shantideva: nach buddhistischer Überlieferung ein Königssohn aus Südindien im 8. Jahrhundert, der Mönch wurde; gilt als Verfasser zweier Werke, die Lebensführung und Ethik zum Inhalt haben und zu buddhistischen Klassikern wurden

shunya: Leerheit, zentraler Begriff im Buddhismus, grundgelegt in der Leere vom „Nicht-Selbst", der Bestreitung eines nicht-bedingten, substanziellen Selbst

skandhas: die Daseinsfaktoren in der buddhistischen Lehre von der menschlichen Persönlichkeit

sutrayana: „Sutra-Buddhismus" meint die auf den schriftlichen Texten („Sutren") basierenden Lehren der verschiedenen Schulen des Buddhismus; „Tantra-Buddhismus" meint die Geheimlehren des tibetischen Buddhismus

sugatahridaya: „Buddha-Samen", das Buddha-Potenzial jedes Wesens, siehe auch *tathagagarbha*

tathagagarbha: „Buddha-Keimling", das Buddha-Potenzial jedes Wesens, siehe auch *sugatahridaya*

Thogme Sangpo: tibetischer Mönch und Meister, 13./14. Jahrhundert

Tsongkhapa: tibetischer Mönch und Reformator, 14./15. Jahrhundert

Vier Edle Wahrheiten: Die Grundlage der buddhistischen Lehre: 1. die Wahrheit vom Leiden, 2. die Wahrheit vom Ursprung des Leidens, 3. die Wahrheit von der Beendigung des Leidens und 4. die Wahrheit vom Weg, der zur Aufhebung des Leidens führt, das ist der *Achtfache Pfad*

vipashyana (auch: vipassana): „Einsicht", grundlegende Meditationsübung im Buddhismus, „Achtsamkeitsübung"

yogi: hier: Praktizierender des tibetischen Buddhismus

QUELLEN

Zitierte Werke des Dalai Lama im Verlag Herder, Freiburg im Breisgau

Die Seitenangaben in Klammern verweisen auf den Standort der Texte im vorliegenden Buch

Das Leben tiefer verstehen. Erkenne dich selbst und lebe gelassener, 2007
  (S. 38–39, 60–62, 70, 75–78, 79, 92–94, 117–120)
Die Liebe Quelle des Glücks. Herausgegeben von Jeffrey Hopkins, 2005
  (S. 16–21, 24, 88–90, 146)
Wie man besser leben kann. Der Pfad des Glücks. Herausgegeben von Renuka Singh, 2005
  (S. 35–36– 50–53, 54, 64–68, 82, 85–87, 102–103, 108–110, 132–134, 135–137, 138–140, 142–145)
(mit Howard C. Cutler) Glücksregeln für den Alltag. Happiness at Work, 2004
  (S. 71, 72–73, 101, 129–130, 131)
Die Quelle des Glücks ist das gute Herz. Herausgegeben und ausgewählt von Ludger Hohn-Morisch, 2004
  (S. 22, 23, 26–27, 34, 44, 46, 55, 56–57, 63, 74, 91, 100, 111)
„Sieh an, er ist wie du". Friede erwächst aus Liebe und Mitgefühl, in: Eine Mystik, viele Stimmen, herausgegeben von Christoph Quarch und Gabriele Hartlieb, 2004
  (S. 64)

Der Weg zum sinnvollen Leben. Das Buch vom Leben und Sterben. Herausgegeben von Jeffrey Hopkins, 2003
(S. 128)

Der Sinn des Lebens. Herausgegeben von Rajiv Mehrotra. Aus dem Englischen von Thomas Schmidt, 2000
(S. 28–31, 121–124)

Vision des Herzens. Güte verändert die Welt. Herausgegeben von Pietro Verni, 1999
(9–15, 40–43, 150–152)

Tod und Unsterblichkeit im Buddhismus. Über die Buddha-Natur. Herausgegeben von Peter Michel, 1997
(S. 25, 47–48, 94–99, 105–107, 112–116)

Mitgefühl und Weisheit, Ein großer Mensch im Gespräch mit Felizitas von Schönborn. 1994
(S. 45)

Zitierte Werke des Dalai Lama aus anderen Verlagen

Die Seitenangaben in Klammern verweisen auf den Standort der Texte im vorliegenden Buch

Dalai Lama, Eine Politik der Güte. Patmos Verlag GmbH & Co KG, Düsseldorf 2004. Alle Rechte vorbehalten
(S. 58–59, 125–127, 147–149)

Dalai Lama, Mit dem Herzen denken. O. W. Barth Verlag, Berlin 1997. Alle Rechte vorbehalten. S. Fischer Verlag GmbH, Frankfurt am Main
(S. 141)

Dalai Lama, Der Friede beginnt in dir © Scherz Verlag Bern 1994. Alle Rechte vorbehalten S. Fischer Verlag GmbH, Frankfurt am Main
(S. 37, 49, 80–81, 83–84, 104)

Dalai Lama, Wege zu Gott – Leben aus der Liebe, Verlag Alf Lüchow Stuttgart 1991
(S. 32–33)

Der Dalai Lama im Verlag Herder

HERDER

Perlen der Weisheit

Alle Bücher der Reihe:

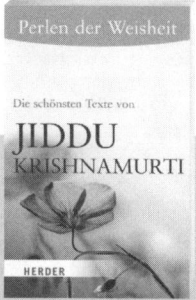